译文坐标

没有面目的人
新资本主义之下工作的个人后果

The Corrosion of Character
The Personal Consequences of Work in the New Capitalism

〔美〕

理查德・桑内特

著

周悟拿

译

上海译文出版社

目 录

序 言／1

一 漂移 1

二 常规化工作 23

三 弹性 40

四 难辨 61

五 冒险 76

六 工作伦理 103

七 失败 128

八 危险的代词 151

附 录

统计表／166

原注／176

序　言

如今，"弹性资本主义"（flexible capitalism）所指的并不只是一种旧调重弹的制度。它强调的是"弹性"，批驳僵化的官僚制度形式，抨击盲目例行公事带来的一系列弊端。这种制度下的工人必须灵活行事，对随时出现的变化持开放态度，不断承担风险，变得不再依赖规定和正式程序。

随着这种对弹性的强调，工作（work）本身的意义以及我们用来形容的词汇也随之改变。例如，"事业"（career）一词的英文词源是马车行驶的道路，最后被用来形容劳动，象征着个体实现经济追求的终身渠道。弹性资本主义已经堵死了事业的直通路线，让员工们可以随时切换到另一种职业。在 14 世纪，"职务"（job）这个英文词指的是可以四处运送的一块或一片物品。如今的弹性制度让"职务"这种晦涩难懂的意义重回视野，因为人们都在以片段的形式进行工作和劳动，终其一生都是如此。

这种弹性制度会很自然地引发焦虑，因为人们并不知道哪些风险能得到回报，也不清楚该踏上哪一条道路。为了解除"资本主义制度"这个名词背后的诅咒，人们想出许多迂回的说法来形容，比如"自由企业"或"私营企业"制度。现今社会中，人们把弹性制度当成破除资本主义咒语的另一方法。人们宣称，在打击僵化的官僚主义制度和凸显冒险精神等方面，弹性制度还能赋予人们更大程度的自由来塑造自己的生活。可是事实上，新的秩序并不只是废除过去的条规那么简单，它也带来了新的控制——但是，新的控制也同样让人费解。这种新资本主义往往是一种难以辨识的权力制度。

也许，弹性制度对个体品格的影响是其中最令人困惑的方面。若我们追溯到古代，当时的英语使用者和英语作家们对"品格"（character）一词的含义没有任何争议，这是一种道德伦理的价值，关乎我们自身的欲望，以及和他人的关系。贺拉斯[1]曾写道，一个人的品格取决于他与世界的联系。从这层意义上来看，"品格"比它在现代衍生出的"个性"（personality）一词具有更广的涵盖面；"个性"涉及内部发酵的欲望和情感，不足为外人道。

"品格"则特别强调我们感情经验中的长远层面。品格需要通过其他精神来呈现出来，比如忠诚、互相交付的责任、长期追求的目标、为长远考虑而延长满足感的做法等等。我们每个人都会经历处于混乱情感中的特定时刻，我们会想方设法地存留或维系某些情感；这些持久的情感便会帮助我们塑造品格。品格关系到我们在自己身上珍

---

[1] 昆图斯·贺拉斯·弗拉库斯（Quintus Horatius Flaccus，前65—前8），奥古斯都时期的著名诗人、批评家、翻译家，代表作有《诗艺》等。古罗马文学"黄金时代"的代表人之一。

视的个人特质，也涉及那些我们想要被他人认可的个人特质。

在一个心浮气躁、只看眼前的社会中，我们如何判断哪些是自我内在的持续价值？在一个专注实现短期目标的经济体系中，该如何去追求长期目标？在不断分裂又不断重组的机构组织中，该如何维持人与人之间的忠诚与承诺？这些都是新兴的弹性资本主义给品格带来的问题。

二十五年前，我和乔纳森·考伯（Jonathon Cobb）写过一本《阶级中隐藏的伤害》（*The Hidden Injuries of Class*），这是一本有关美国劳动阶级的书。在本书中，我讨论的也是在急剧变化的经济中，有关工作和品格的问题。我原本打算写成一篇长篇论文，而不是一本薄薄的小书；我其实只想在这里呈现一个论点，但分成了几个篇幅很小的章节加以展开。在《阶级中隐藏的伤害》中，乔纳森·考伯和我完全通过正式的访谈来论证。而在本书中，我配合论文的论证形式，采用了更多混合的非正式信息来源，包括经济数据、历史文献和社会学理论；我也像人类学家一样探讨自己身边的日常生活。

我要在开头针对本书指出两点。首先，读者将会常常看到，我把哲学思想运用在所有的个人具体经验中。我认为这样做没有错；思想必须能承载具体经验，否则就只能停留在抽象观念的层面。其次，我很大程度上隐藏了正式受访者的个人身份，也就是改变地点和时间，有时把几种声音汇集为某一人的声音，或是把一种声音分为几个声道。这些伪装需要得到读者信任，但并不是小说家通过炉火纯青的叙述技巧来得到的那种信任，因为现实生活远没有小说叙述那么协调连贯。即使对于环境的描述略有修饰，我也希望能如实反映所听所闻之感。

二十五年前，我从乔纳森·考伯关于工作的讨论中受益匪浅。在加里克·厄特利（Garrick Utley）的督促下，我再度探讨了这个主题，本尼特·哈里森（Bennett Harrison）、克里斯托弗·詹克斯（Christopher Jencks）和萨斯基雅·萨森（Saskia Sassen）也在这个过程中提供了协助；本书想要探究的是这些人研究现代经济所得的发现，以及对于个人产生的影响。感谢我的研究助理迈克尔·拉斯卡维（Michael Laskawy），他给我提供了很多宝贵意见，也承担了研究和写作过程中的许多实务。

这篇论文最早发表于1996年剑桥大学的达尔文讲座。感谢行为科学高等研究中心在我写书过程中提供的资助。

最后，我要感谢诺顿出版公司的唐纳德·林姆（Donald Lamm）和阿兰·梅森（Alane Mason），以及柏林出版公司（Berlin Verlag）的阿诺夫·康拉迪（Arnulf Conradi）和伊丽莎白·鲁格（Elizabeth Ruge）为我修订文稿。

一 漂移

前不久，我在机场偶遇一位朋友。我称他为"瑞科"，我们已经十五年未曾谋面。我曾在二十五年前采访过他的父亲，当时我正在写一本关于美国蓝领工人的书《阶级中隐藏的伤害》。那时他的父亲恩里克做着一份清洁工的工作，对这个儿子寄予厚望。瑞科那时刚进入青春期，天资聪颖，而且是名运动健将。我和恩里克失去联络是在十年之后，那时瑞科刚在大学完成学业。而在机场旅客休息室里出现的瑞科，手提时尚的皮制电脑包，炫耀着一枚顶部刻有图章的戒指。他穿的那件西装已经超过了我的购买力。看起来，他已经实现了父亲的梦想。

我初次见到恩里克的时候，他在市中心的写字楼里做扫厕拖地的工作，从事这行已有二十年之久。对于工作他可谓毫无怨言；对于实现所谓的"美国梦"，他早已放下执念。他工作的长久目标只有一个，那就是养家糊口。他努力了十五年才存下足够的钱，在波士顿郊区买了房子。从此，他和往日的意大利社区切断了联系，因为住在郊区对下一代更好。后来，他的妻子弗拉维亚也开始离家工作，在一家干洗衣服的工厂做女工。我初识恩里克是在1970年，那时他们夫妻俩正在存钱，为两个儿子上大学做准备。

恩里克那一代人让我深有感触，因为时间在他们的生活中呈现出如此的直线性——他们做着一成不变的工作，年复一年，日复一日。他们的成就是在时间线的延续中逐渐累积的，恩里克和弗拉维亚每周都会核算存款的增长，衡量家庭生活的各个方面，在房子里添置用品，改进布局。最后，他们的余生是可以预期的。经济大萧条和第二次世界大战带来的恐慌已经淡去，工会能够保护他们的工作岗位；虽然我第一次见到恩里克时他才四十岁，但他已经确切知道自己的退休时间，以及退休金的数目。

对于社会底层人民来说，他们可自由支配的资源只有时间。为了实现时间的积累，恩里克需要社会学家马克斯·韦伯[1]所说的"铁笼"，即一种把时间的使用合理化的官僚结构。以恩里克为例，工会对于薪水有论资排辈的规定，而政府也有关于养老金的规章制度，这些都起到了脚手架一般的保护作用。当他在这些资源之上再加上自律，带来的结果就具备了经济之外的意义。

他为自己刻画出了一个脉络清晰的故事。在这个故事中，他物质和精神上的经验都得到了积累；因此，将他的生活以线性叙事的方式加以呈现，对他来说是合情合理的。虽然势利之人可能会认为恩里克的生活索然无味，但从恩

---

[1] 马克斯·韦伯（Max Weber，1864—1920），德国的社会学家、历史学家、经济学家、哲学家、法学家，与卡尔·马克思和埃米尔·杜尔凯姆一起被公认为现代西方社会学的奠基人。

里克的自身经历而言,岁月是一个跌宕起伏的故事。他一次次修修补补,一次次偿付贷款利息,剧情也随之向前推进。这位清洁工觉得他是自己人生故事的执笔人,尽管他社会地位不高,但这种叙述方式赋予他自尊。

恩里克的人生故事虽然一目了然,但又绝不是只有简单几笔而已。特别吸引我的一点是,他如何横跨两个世界,在他的老移民社区和新兴郊区之间穿梭往返。在郊区邻居的眼中,他行事低调,是个安静的居民;当他回到旧时社区,就变得较为引人注目。他被那里的邻里视作一位可敬的长辈,虽在外面闯出了名堂,但每个礼拜天仍会回来做弥撒、吃午饭、喝咖啡闲聊。那些与他相交有年的老朋友对他的故事知根知底,他们都认为他已经出人头地。新邻居也在心里默默地尊敬他,因为他的举止比较随大流,家里始终窗明几净,花园总是打理得井井有条,生活风平浪静。恩里克独特经历的耐人寻味之处,主要在于不论他走到哪个社区,他在两边的世界中都能得到认可——他只有一种使用时间的纪律性,却生发出了两种身份。

如果这个世界充满了幸福和公正,受人尊敬的人便会以同等的尊重来回报他人。这是费希特[1]在《国法的基础》(*The Foundations of National Laws*)中提出的概念。他认为对他人的认可(recognition)会带来"互惠效应",但现实世界并不以如此慷慨的方式运行。

恩里克不喜欢黑人,虽然他曾和黑人共事多年,彼此

---

[1] 约翰·戈特利布·费希特(Johann Gottlieb Fichte,1762—1814),德国哲学家。

之间也相安无事；他也不喜欢那些非意大利裔的外国人，比如爱尔兰人，虽然他的父亲几乎不会说英语。他不赞同同类相争，但也没有阶级盟友。但最重要的是，恩里克不喜欢中产阶级。他说，在我们这些中产阶级的眼中，他只是"像个零蛋"一样的隐形人；他担心因为自己受教育程度较低，而且有一份做粗活的工作，我们就会心照不宣地认为自己有权这样对待他。他的怨怼之情也因此变得更加复杂。和他自己吃苦耐劳的能力相对比，他觉得黑人喜欢无病呻吟，习惯自怨自艾，外国人是带来不公的侵入者，而中产阶级没有付出努力却能享受特权。

虽然恩里克感觉自己已经取得了一定程度的社会荣誉，但他一点也不希望他的儿子瑞科重复这种生活。我的这位朋友被"美国梦"鞭策着，期盼子女能够向着社会上层流动。瑞科放学回家做数学作业时，恩里克好几次向我夸耀："他讲的话我一个字都听不懂。"我听说很多瑞科这种孩子的父母说："我不了解他。"他们的语气严厉，好像被子女抛弃了一样。在某些方面，我们都会或多或少地违拗家庭神话给我们安排的特定位置，而向着上层社会流动的可能性则让这段历程更加盘根错节。瑞科这样沿着社会阶梯攀爬的年轻人有时会因父母而感到羞耻，因为他们说话带有劳动阶级的口音，举止粗鲁。不过，更经常让这些孩子感到窒息的是，父母永远对金钱精打细算，又总是把时间掰成小块。这些有天赋的幸运儿都想要摆脱束缚，开启自由放飞的人生旅程。

在许多年后的今天，由于这次在机场的偶遇，我才有机会了解恩里克的儿子之后的际遇。我必须承认，我不太喜欢在机场休息室里看到的情况。瑞科身着昂贵的西装，可能只是出于业务的需要。但是，他戴着的那枚带有图章的戒指则既像是一个谎言，又像是对父亲的背叛，因为这样的戒指往往被视为上流家庭背景的标志。不论如何，我和瑞科机缘巧合地在这一班长途客机上再次聚首。这并不是那种美国式旅行，萍水相逢的陌生人向你推心置腹，落地之后提取实体行李，便永远消失在人海之中。我虽没有受到邀请，但还是主动坐到了瑞科旁边的座位。从纽约到维也纳是一段漫长的空中旅途，我在最初的第一个小时中就想方设法地向他打探消息。

我了解到，瑞科实现了他父亲希望他向社会上层流动的期望，但也确实摈弃了父亲的生活方式。瑞科蔑视"做一天和尚撞一天钟"的人，也看不起被官僚主义盔甲保护得严严实实的人；相反，他认为要乐于迎接变化，勇于承担风险。他也获得了成功；恩里克的收入位于薪资等级结构的底层，只超过全社会四分之一的人，而瑞科则已经攀升到了前 5% 的位置。但瑞科认为，他的故事也并没有那么幸福圆满。

瑞科首先在当地一所大学的电子工程专业就读，毕业后去纽约的一所商学院继续深造，在那里遇见了未来的妻子。她和瑞科是同学，是一位家境较好的年轻新教徒。这对年轻夫妇的教育背景让他们做好了心理准备，以后也许会频繁地搬家换工作，后来事实也的确如此。在瑞科毕业后的十四年职业生涯中，他已经搬了四次家。

硅谷计算机行业发展之初是一段振奋人心的时期，那时瑞科开始在西海岸的一家风险投资公司担任技术顾问；然后他搬到了芝加哥，在那里也有不俗的工作表现。不过，他下一次搬家则是为了妻子的事业发展。如果瑞科是巴尔扎克笔下那种野心勃勃的人物，他绝不会这样做，因为他不但没有获得加薪，而且还离开了高科技活动的温床。他转去了密苏里州的一处办公园区，那里虽然绿树成荫，但位置更加偏远。弗拉维亚离家工作时，恩里克多少感觉面上无光；瑞科则把妻子珍妮特视为平等的工作伙伴，并且已经适应她的节奏。就在珍妮特事业开始起飞的关头，他们的孩子一个接一个地出生了。

在密苏里州的办公区，这个年轻人碰上了不确定的新经济形势，陷入困境。就在珍妮特得到晋升的时候，瑞科却被裁员了。他的公司被另一家更大的公司并购，而那家公司原来就有自己的分析员。因此，这对夫妇又搬了第四次家，回到东海岸的纽约郊区。珍妮特现在管理着一个会计师大团队，瑞科则创办了一家小型咨询公司。

他们的发展势头都很不错，而且有很强的适应能力，能够互相支持，堪称是对模范夫妻。但是，夫妻双方都经常担心自己会轻易失去对生活的掌控能力，这种恐惧已经深深根植于他们的既往工作历程中。

就瑞科的情况而言，他对于失去掌控力的恐惧是显而易见的，因为这涉及时间管理。当瑞科告诉同辈伙伴他要创办自己的咨询公司时，大多数人都表示赞成；咨询公司似乎是一条迈向独立的路径。但在创业之初，他发现自己被一大堆琐碎任务吞没。比如，他需要自己去复印，在此之前他只需要理所当然地拿到复印文件。他发现自己还陷入了无休无止的人际联络工作；每个电话都必须接听，每个泛泛之交都必须保持联系。为了拓展业务，他不得不跟随别人的时间表来行动，而那些人并没有义务搭理他。他像其他咨询顾问一样，希望能按照合同所拟定的咨询范畴来开展工作。但他又说，这些合同在很大程度上都是虚有其表。一个咨询顾问通常要根据付费客户的想法来处理问题，而他们的想法总是不断变化，还会有一时兴起的奇思妙想；瑞科在工作上扮演的角色并不固定，因此他不能说："我做的就只是这些，我负责的只是这些。"

珍妮特失去控制的情况则更加微妙。她现在管理着一小群会计师，这些人可以分为几类：有的在家工作，有的通常在办公室工作，还有一些下层的后台办事员，他们远在千里之外通过电脑与她联络。她现在就职的公司里，在家办公的会计师受到多方面的约束，他们必须遵守严格的条规，电话和电子邮件都受到监控；为了组织千里之外的后台办事员工作，她不能面对面地做出实际判断，必须依据白纸黑字的正式准则来工作。这种工作安排看起来相当有弹性，但她体验到的官僚主义也并不少；她以前主管着一群始终在同一间办公室的员工，相较往日，现在她自身做出的决策确实已不再那么有分量。

正如我所说，我原本并不认为这对美国梦夫妇会让我感动到热泪盈眶。然而，当我和瑞科在飞机上共进晚餐，他开始更多地谈论个人生活，我也逐渐更多地共情起来。他对失去掌控的恐惧一步步发酵，比工作中失去权力的恐惧还要更深。他担心的是，为了在现代经济环境中生存，他需要采取的行动和遵循的生活方式已经使他的内在情感生活发生漂移。

瑞科告诉我，他和珍妮特主要的朋友都是相识于工作之中。他们在过去十二年中几次搬家，已经失去了许多这样的友谊，"尽管我们仍保持着'网络上的好友关系'"。瑞科希望通过电子通讯来获得一种社区感，这也是恩里克在参加清洁工的工会活动时最喜欢的感觉。但他的儿子却发现网上通讯往往只有寥寥数语，而且总是很匆忙。"这就像你和孩子们相处时一样——如果你没有时常陪伴在他们身边，你得到的新闻往往都是早已过时的消息。"

瑞科一共搬了四次家。他每一次的新邻居都把他的到来视作他对自己生活中上一篇章的终结；他们向他打听硅谷或密苏里办公园区的情况，但是，瑞科说，"他们并没有真的*看到*其他地方"，他们也没有发挥想象力。这是一种非常美国式的恐惧。典型的美国郊区就像是一个卧室社区（Bedroom Community）——在上一代人中已经形成这样一种不同的郊区，经济上更独立于核心城市区，但也不是真正的小镇或乡村；开发商魔杖一挥，这些社区便随之兴起，然后蓬勃发展，但在一代人的时间内就开始衰落。这样的社区并非没有社会交往或邻里关系，但在居民中没有谁能够长期见证另一个人的生活。

瑞科最担忧的是他的家庭，友情并不持久，当地社区不能久居，这种短暂性是构成他内心忧虑的背景因素。恩里克把工作看成自己服务家庭的方式，瑞科也是如此；与恩里克不同的是，瑞科发现在实现这个目标的过程中，工作所需的必要条件已经带来不少干扰。起初我以为他说的是工作和家庭之间的时间冲突，大家对此都已司空见惯。

"我们 7 点到家，做晚饭，尽量挤出一个小时辅导孩子们的功课，然后处理我们自己的文书工作。"有一次，他在咨询公司的工作接连几个月都步履艰难，"就好像我都不认识自己的孩子一般"。他担心家庭会经常陷入无序状态，也担心自己会忽视孩子的需求，因为他们的需求和工作对他的要求并不兼容。

听到这句话，我试图劝他放宽心；我和妻子及继子都曾经承受类似的高压生活，并且很好地幸存下来。"你对自己太过苛刻了，"我说，"你对这一切如此在乎，这个事实已经意味着你正在为家庭做出力所能及的奉献。"虽然他很喜欢这个说法，但我当时其实并没有准确理解他的意思。

我以前就知道，瑞科曾经是一个生活在恩里克权威下的男孩，而他对此感到恼火；他当时告诉我，他认为那些支配清洁工生活的规则都是很短视的，他感觉非常窒息。现在他自己也已为人父，他害怕孩子会缺乏道德上的纪律，这种恐惧一直困扰着他。他特别担心自己的孩子们会成为"商场老鼠"——下午在购物中心的停车场漫无目的地闲逛，而他们的父母却在办公室里，没有和孩子保持联系。

因此，他希望为家中儿女树立一个有决心有目标的榜样，"但你仅对孩子们言传是不够的"，他必须以身作则，成为榜样。他向着社会上层的流动已是客观存在的模范事迹，但孩子们已经将此视为一件顺理成章的事情。在他们眼中，这是一段不属于他们的历史，一个已经达到大结局的故事。但瑞科最深处的担忧则是，自己工作生活的实质内容并不能作为孩子们的榜样，并不能向他们传达应该如何以道德的方式来为人处世。那些工作中的上乘品质，却并不等于优秀的品格特征。

后来我才了解，正是恩里克和瑞科这两代人的代沟，让这种恐惧格外严重。现在的企业领袖和媒体记者都在强调，市场的全球化和新科技的普及是我们这个时代资本主义的特点。事实的确如此，但另一个层面的改变却被忽略了，那就是时间的组织方式已经不同往日，工作时间尤其如此。

"短期聘任"（No long term）这个标语也许最能具体反映这种改变。过去的人们按部就班地晋升，整个职业生涯只会更换一两家公司，这种传统的事业发展路径已经不合时宜；在职业生涯中只规划单一技能的时代也已过去。在当今社会，一个受过两年以上大学教育的美国年轻人在职场中可能至少会换十一次工作，在四十年的工作中至少曾三次改变自己的技能基础。

一位美国电话电报公司（AT&T）的主管指出，"短期聘任"这个标语正在改变工作的核心意义：

> 我们必须在 AT&T 推广一整套观念：工作都是无法预期的，只能依情况而定。其实，我们公司内部大部分都已经是短期聘任的员工了。"工作职务"已经被"项目"或"工作范畴"取而代之。[原注1]

很多企业已把大部分工作外包给小公司或短期聘任的员工，这些工作份额曾属于他们内部的长期工作。比如，

美国劳动力中人数增长最迅速的，就是短期工作机构的员工。[原注2]

管理大师詹姆斯·钱匹（James Champy）认为，"人们热切地渴望改变"，因为"未来的市场具有'消费者驱动'的特点，这会达到前所未有的程度。"[原注3]从他的这种观点来看，日后的市场活力会变得极其充沛，不再允许我们用墨守成规的方法来年复一年地完成工作，或者只是千篇一律地重复做事。经济学家本尼特·哈里森相信，这种渴求改变的心理是来自"迫切的资本"（Impatient Capital），人们想要快速得到回报；以英美股市的平均股票持有时间为例，过去十五年来已经下降了60%。现在的市场认为，想要在市场上快速获利，迅速变革机构制度是最佳策略。

我们还必须提到，新体制所瞄准的改革对象是"长久"的秩序，这种秩序本身却只是在20世纪中叶的几十年间昙花一现。19世纪资本主义经历了接二连三的股灾和无理性的企业投资，一路步履蹒跚；经济周期大起大落，人们惶惶不安。恩里克属于第二次世界大战之后的那一代，当时这种混乱失序在大部分先进经济体中都得到了较好的管控；他们度过了一个相对而言较为稳定的时代，主要得益于强有力的工会组织、来自国家的福利保障和大型企业等因素。这三十多年被视作"稳定过往"（stable past），如今已经受到新体制的挑战。

现代组织结构改变后，劳动力也随之呈现出周期更短、更趋向合同制、更加零散的转变。各个企业设法减少层层叠叠的官僚架构，使自身变成更加扁平而有弹性的组织。

金字塔式的组织已被取代，现在管理层想要的是呈网状的组织形式。社会学家沃尔特·鲍威尔（Walter Powell）说，和金字塔组织相比，"网状组织的发展更加轻快矫健"，"比等级制度的固定资产更容易拆分也更容易重新定义"。[原注4] 这说明，晋升或解雇员工已经不再以明确固定的章程为依据，工作任务的划分也不再明晰；网状组织一直在持续调整自身结构。

有位 IBM 主管曾经告诉鲍威尔，弹性企业"必须成为串联相关活动的群岛"。[原注5] 群岛这个意向很适合用来形容网状组织的联络模式，就像在岛与岛之间穿梭畅游一般——得益于现代科技，这种旅行是以光速进行的。传统的沟通方式中，传达命令的信息链缓慢而闭塞，而现在，计算机开始扮演着关键角色，来取代这种传统。劳动力成长最快的部门都涉及计算机和数据处理服务，这也是珍妮特和瑞科的工作领域；如今，几乎各行各业、各种阶层、各种职位的人都用电脑工作。（参见附录中的表 1 和表 7 的统计。）

当年的恩里克持续走在一成不变的职业轨道上，沿着长年累月的时光来讲述自己的故事。但基于上述这些因素，恩里克的经验已经不再合乎常理。"短期聘任"这个标语具体显示的关键变化对瑞科来说也不再是正常情况，但又牵引着他的个人品格发展，在家庭生活的相关方面尤其如此。瑞科试着对我解释的正是这一点，或许这也是他当时想对自己说明的。

就拿投入度和忠诚度来说，"短期聘任"的原则对信任感、忠诚度以及互相托付的精神造成了侵蚀。当然，信任感可以纯粹适用于那些正式事项，比如在达成商业交易或仰赖别人遵守游戏规则的场合。但是，往往是在那些非正式的场合之下，我们对信任感才会有更具深度的体验。比如说，在被分配到一项艰巨或几乎无法完成的任务时，我们才会知道谁可以信赖。这种社会性的情谊需要时间的酝酿，才能慢慢在企业组织的缺口和裂缝中落地生根。

现代企业的聘用时间过于短暂，使这种非正式场合中的信赖感没有机会成熟发展。新企业的首次并购时，人与人之间的互相托付之感往往会遭到重创。在那些刚起步的公司里，每个员工都逃不掉长时间的高强度工作；当公司上市，也就是股票刚上市公开交易时，公司创始人往往会卖出股票套现，底层员工则被弃之不顾。如果一个组织是以弹性而松散的网状结构来运作，而不是依靠上情下达的刚性命令，这种网状结构也会削弱企业中的社会关系，对新生组织和老牌企业都是如此。社会学家马克·格兰诺维特（Mark Granovetter）说，"弱联系的优势"是现代企业关系网络的特色，这种表述部分是指短暂的联系比长期的相处更让人受益，部分是说忠诚这种社会关系中的强联系已经失去了吸引力。[原注6] 团队工作就是这种弱联系的绝佳体现，团队一个接一个地完成项目，团队成员在整个过程中来了又走，不断变动。

与此形成反差的是，紧密的联系离不开长期相处。从个人层面来说，就是自身有无意愿对他人作出承诺。哈佛商学院教授约翰·科特（John Kotter）从当今企业中通常短暂而疏远的人际关系出发，建议年轻人"在组织外部，而不是在组织内部"工作。他提倡只做咨询顾问，不要被长期雇佣关系"禁锢";现在的经济环境中,"商业概念、产品设计、对手情报、资本设备以及各种知识的可靠寿命都已越来越短",对企业效忠不过是种圈套。[原注7]一位咨询顾问最近负责缩减 IBM 工作,表示员工"一旦(了解公司是靠不住的),他们自身就会具有市场价值"。[原注8]想要应对目前的现实情况,保持超然的态度和表面的合作精神才是更好的武装,而不是基于忠诚和服务精神来行事。

新资本主义的各个层面中,给人们工作以外的情感生活带来直接影响的是其中的时间维度,而不是高科技数据传输、全球股票市场或自由贸易。"短期聘任"的影响也转移到了家庭的语境中:不断搬家、别做承诺、不要牺牲自我。在飞机上,瑞科突然情绪爆发:"你无法想象,我在和孩子们谈到承诺时觉得有多白痴。这种美德对他们来说很抽象,他们无法目睹到它。"我在晚餐时尚且无法理解,感觉他的情绪爆发不知从何而来。现在我才知道他明确的意思,他是在自我反思。他的意思是,现在的孩子们看不到他们的父母在生活中以实际行动来履行承诺,甚至在他们父母这一代人身上都看不到这一点。

开明且弹性的工作场合还有一大标志,就是强调团队合作和公开讨论的价值。瑞科也同样讨厌这些价值观转移到私人生活之中。团队精神在家中实施起来具有破坏性,会导致父母教养小孩时失去权威,而且缺乏坚定的指导理念。他说,他和珍妮特已经见到太多父母遇到家中的问题时,好说歹说也不敢说声"不行!";他们也看过太多父母过分善于倾听,能设身处地地理解孩子,却不能约法三章;他们更看到了后果,那就是造就了一大堆茫然无措的孩子。

"处理事情必须一以贯之才可以。"瑞科这样告诉我。我起初又一次没有听懂，然后他用看电视为例来解释他想表达的意思。也许瑞科和珍妮特的这种做法并不常见，他们习惯和两个儿子讨论他们从电视看到的影片或情境喜剧，以及这些节目和报纸上的事件之间存在的关联。"否则，他们看电影就只是看到一堆杂乱无章的影像而已。"不过，他们的讨论和新闻报道的关联之处，大多是孩子们在电视上看到的暴力与性。恩里克常用一些微小的比喻来说明品德的问题；这些比喻往往来自他作为清洁工的工作，比如"你可以忽略灰尘，但它不会就此消失"。当我认识瑞科时，他还处于青少年时代。他对这些朴实简短的智慧之语的反应总是带着一点难为情。所以现在我问他自己是否也从他的工作经验中说出比喻，或甚至撷取一些道德规范，他起先直接避而不答："电视上没有这类的事情。"然后他回答道："嗯，没有，我不会那样说话。"

由此看来，但凡是工作中的行为，无论是给人们带来成功，还是只能勉强糊口，对于瑞科扮演模范家长的角色并没有什么助益。事实上，他们这对现代夫妻面临的问题刚好相反：如何保护家庭关系，如何不让短期性质的行为和开会时的心态影响到家庭关系？最重要的是，现代工作场合缺乏忠诚和承诺，如何不让这些特点逐步侵蚀家庭空间？瑞科认为，家庭不应强调见风使舵的新经济价值，真正重要的是履行实际义务、可靠可信、遵守承诺并坚持目标，这些都是长久持续的美德。

这种工作和家庭间的冲突，其实在对成年人本身的经验提出质疑。在一个只看短期利益的社会中，如何追求长期目标？如何保持长久的社交关系？在一个被分解为插曲和片段的社会中，人们该如何对身份和生活历史展开叙述？而新经济的形势反而正是建立在这种时间和空间的漂移基础之上的，人们在不同地域之间流离转徙，在不同的工作之间调职更替。如果让我概括说明瑞科的困境，那就是他的品格很可能受到短期资本主义的侵蚀，那些保持长久的人际关系、为每个人持续带来自我意识的品格特质尤其岌岌可危。

晚餐结束时，我俩都沉浸在各自的思绪之中。早在二十五年之前，我就想象着资本主义已经差不多达到最后的极致状态；无论市场是否更自由、政府管控是否更少，这个"制度"本身已经入驻人们的日常生活经验之中，在这个过程中一如既往地经历了成功和失败、支配和屈服、异化和消费。于我而言，文化和品格的相关问题可以归于这些熟悉的类别之中。但是这些旧日的思考习惯却无法捕捉现在年轻人的经验。

显然，瑞科关于家庭的一席话也让他开始思考自己的道德价值观。当我们都退到机舱后部吸烟时，他说自己曾是一个自由主义者。在美国宽泛的概念中，他们关心穷人、善待黑人及同性恋等少数群体。恩里克对于黑人和外国人缺乏包容心，他的儿子对此感到很惭愧。不过，瑞科说他在步入职场之后已经变身为"文化保守派"。他像大部分同辈一样厌恶社会上的寄生虫。对他来说，最具体的例子就是那些福利妈妈，她们拿着政府救济支票去酗酒嗑药。

他开始笃信那些固定且严峻的团体行为准则。对于那种对应开放式工作会议的"自由式教养",瑞科并不认可其中的价值。瑞科谈到理想的社区时曾举例告诉我,他赞成目前某些保守派圈子提出的方案,对于不称职的糟糕父母,应当把他们的小孩带去孤儿院。

我一听,气得毛发倒竖,和他激烈地辩论起来。我们头顶笼罩着层层烟雾,争执不下。(我在翻阅笔记时,感觉瑞科也因为把我惹火而略有一丝快意。)他知道他的文化保守主义仅止于此,仅限于一个理想化的象征性社区。他并非真的想把小孩关在孤儿院里;他作为成年人的经验中,肯定很少出现过去那种保守主义;比如,他每搬一次家,就会被其他美国人看成是一个全新的人,过去种种迅速成为过眼云烟。他所认同的这种文化保守主义是对连贯性的见证,而这恰恰是他生活中所缺少的。

关于家庭,他也不是单纯怀念过去的价值观而已。瑞科其实不喜欢严格的家规,比如以前在恩里克掌控之下的生活。即使有可能,他也不愿意回到恩里克和弗拉维亚生活的那种线性时间;我告诉他,我有大学教授的终生教职,他当时的眼神流露出一丝厌恶。他把不确定性和冒险视为工作中的挑战;身为咨询顾问,他对于扮演团队成员的角色已经游刃有余。

但是这些弹性行为模式对瑞科作为父亲或社区成员的角色毫无助益;他希望维持社交关系,为孩子提供持久的指导。他想要对抗工作中被隔绝的关系、邻居有意为之的健忘、孩子变成商场老鼠的噩梦,因此他强调持续价值的*概念*。就这样,瑞科已经跌入陷阱之中。

他举出一些具体例子来说明这种价值：会说"不行"的父母、需要努力经营的社区、依赖是种罪恶。这些都是固定的规范。难以预测的环境是被这些道德规范排除在外的——毕竟，瑞科想要对抗的正是那些随心所欲的突发奇想。但要把这种永恒的规范付诸行动又谈何容易。

瑞科描述过去十四年中东迁西徙的经历时，他言语中经常提到这种困难。虽然搬很多次家是他身不由己的无奈之举，但他却很少用被动语态来叙述这些事情。例如，他不喜欢"我被解雇了"这样的说法；与之相反，这件发生在密苏里办公园区的事其实颠覆了他的生活，而他提到的时候却说："我面临危机，必须做出抉择。"至于具体是什么危机，他说："这是我自己做出的决定，搬这么多次家都是我的责任。"这样的语气听起来像他爸爸。"有责任自己扛"是恩里克话语中最有分量的一句，但瑞科不知道如何实践出来。

我问瑞科："你在密苏里被裁员时，为什么不抗议？为什么没有反戈一击？"

"我当然很愤怒，但是这样做没什么好处。企业要进行人员精简，这并非不公平，不管发生什么，我都必须直面后果。我能要求珍妮特再跟我一起搬一次家吗？这对她对孩子们都不好。我该问她吗？这种事我能写信问谁呢？"

他对此无能为力。即使是这种超出他控制范围的事情，他依然觉得自己负有责任；他真的让自己背负起了这个重担。但是，"扛起责任"究竟意味着什么？他的孩子们对于搬家已经习以为常；他的妻子其实已经很感激他上次愿意为了她而搬家。然而瑞科说出"搬这么多次家都是我的责任"这句话，一下问倒了我。旅途到了这个时候，我已经知道我绝对不能回答："你又能怎么负责呢？"这个问题虽然合情合理，却是种侮辱，就好像是在说，你是无足轻重的。

恩里克持有某种旧时代的宿命论观念，认为人们出生在特定的阶级或某种生活状况中，并应在这些限制之下尽力而为。他也曾遇到解雇这类无力掌控的事件，但后来都挺过来了。刚刚提到的那段争辩已经让我们清楚看到，瑞科具有更为绝对的责任感。那种不屈不挠想要承担责任的品格特质，正是他的引人注意之处。他具体采取了什么行动则不那么重要。弹性制度已经把他推到这种境地，他只能把纯粹的意志力当成自己道德品格的核心。

为超出自身掌控的事情负起责任，这个说法听来耳熟，这其实就是内疚感。但是这样形容瑞科仍然不甚准确，至少在我看来他不是这样。他并没有沉溺在自我指责之中，也没有失去勇气，虽然他感觉自己面对着一个分崩离析的社会。他对于品格优良之人的行事方式给出了一套规范，虽然显出些许单纯幼稚，但也不应该基于这点来评判他。他在某种程度上是一个现实主义者；雇主的决定导致他的家庭生活一团乱麻，但即使他写信向公司控诉也肯定无济于事。因此瑞科主要通过纯粹的意志力来抵抗这一切，这样他才不会漂移重心。他特别抗拒某些品格特质受到侵蚀，比如忠心耿耿、献身精神、明确目标和坚定决心。这些品格本质上都是长远的。他认可长久的价值，并让这些价值成为形容他的标识——恒长的、持久的、核心的。

他的意志已经静止不变，这种纯粹对价值的论断已经束缚了他。

漂移的经验和静止的论断是两个极端，两极之间却缺少一种可以组织瑞科行为的叙述方式。所谓叙述，不只是按照事件发生的时间来编排记载而已；叙述能够决定时间推进的方式，暗示事件发生的原因，揭露事件的后果。恩里克对于自己的生活有一套叙述方式：时间线性发展，事件不断累积。他身处一个等级分明的世界，这样的叙述合情合理；而瑞科生活的世界不仅崇尚短期弹性制度，而且瞬息万变。这个世界并没有给故事叙述提供空间，无论经济上或社会上都是如此。有的企业被重组，有的企业被并购；有新的工作出现，有旧的岗位消失。这些都是毫无关联的事件。约瑟夫·熊彼特[1]在思考企业家的角色时说，创造性破坏（creative destruction）[2]要求人们在无法猜想改变带来的后果、无法得知接下来发生何事的情况下，还能够保持心安理得。但大部分人无法用这种不慌不忙、满

---

[1] 约瑟夫·阿洛伊斯·熊彼特（Joseph Alois Schumpeter, 1883—1950），奥地利一位有深远影响的政治经济学家。
[2] "资本主义的创造性破坏"（the creative destruction of capitalism）是熊彼特提出的重要学说主张之一。当商业周期到谷底的同时，也是某些企业家不得不考虑退出市场或是另一些企业家必须"创新"以求生存的时候。只要将多余的竞争者筛除或是有一些成功的"创新"产生，便会使景气提升、生产效率提高，但是当某一产业又重新是有利可图的时候，它又会吸引新的竞争者投入，然后又是一次利润递减的过程，回到之前的状态……所以说每一次的萧条都包括一次技术革新的可能，这句话也可以反过来陈述为：技术革新的结果便是可预期的下一次萧条。在熊彼特看来，资本主义的创造性与毁灭性因此是同源的。但熊彼特并不认为资本主义的优越性便是由于其自己产生的动力而将不停地推动自身发展，他相信资本主义经济最终将因为无法承受其快速膨胀带来的能量而崩溃于其自身的规模。

不在乎的方式来安然面对改变。

当然,瑞科并不想成为一个熊彼特式的人物,虽然他在残酷的生存竞争中已经表现得很出色。"改变"意味随处漂移;瑞科担心他的孩子们在道德或情感方面都会变得漂浮不定,失去重心。但是,就像他对雇主欲言又止一样,他也没法给孩子们写封信,引导他们在时间的长河中成长。他想教给孩子们永恒的一课,就像他自身持久的意志力一样——这能说明他的道德箴言放诸四海而皆准。改变给他的内心带来混乱和焦虑,让他向着相反的极端摇摆;或许正因为此,他无法从自己的生活中找出一个阐明性的故事说给孩子听;或许正因为此,人们无法从他说的话中了解他的品格或理想。

我之所以提到这段偶遇,是因为瑞科对时间、地点、工作的体验具有普遍性,他的情绪反应也很大众化。新资本主义中的时间状况已经带来了品格和经验之间的冲突。人们经历了时间上的脱节,因而没有能力塑造品格,并将其纳入长期的叙述之中。

15世纪末,诗人霍克利夫(Thomas Hoccleve)在《王子的规训》(*The Regiment of Princes*)[1]中叹道:"噢!世界之安稳何处寻?"荷马[2]也曾经发出同样的感叹,《旧约·耶利米书》亦如是。[原注9]在人类历史的大半时间

---

[1] 霍克利夫的代表作,是一篇关于美德和恶习的讲道,写给即将登基的英国亨利五世。
[2] 荷马(Homer,约前9世纪—前8世纪),相传为古希腊的吟游诗人。他创作了史诗《伊利亚特》和《奥德赛》,两者统称《荷马史诗》。

里,人们都已接受这样一个事实:战争、饥荒等灾难会让生活风云突变,他们必须随机应变才能生存下去。1940年,我们的父母和祖父母都在那一年异常焦虑,他们见证了经济大萧条带来的破坏,又目睹着世界大战的阴影步步逼近。

当今社会的不确定感具有特殊之处:它的存在不是因为迫在眉睫的历史灾难;恰恰相反,与之交相辉映的是资本主义充满活力的日常经验。不稳定性被视为正常情况。熊彼特的企业家被当成理想化的"普通人"(everyman)。也许,品格的侵蚀是在所难免的结果。"短期聘任"的模式使得长期的行动失去动力,解开了信赖和承诺的关系纽带,让人们知行不一。

瑞科是个集成功和迷惘于一身的人,我想他自己也知道这一点。弹性的行为曾经带给他成功,但如今却在削弱他的个人品格。如果他是我们时代的"普通人",他体现的普遍性正是在这种困境中得以反映。

二　常规化工作

瑞科挣扎着想要去理解自己生活的这个时代。他这样做的理由很充分。例行公事、官僚化的时间管理会让工作组织、政府机关或其他机构运转不良，因此这是现代社会目前的抵抗对象。瑞科的问题是，当他成功抵制这种例行劳动的模式之后，又该如何自处。

但在工业资本主义的初期，常规化工作的罪恶一面尚未显露出来。在 18 世纪中期，重复性劳动似乎会导向两个截然不同的方向：一个是积极且卓有成效的方向，另一个则是带来破坏的方向。狄德罗在 1751 年至 1772 年间出版了了不起的《百科全书》[1]，书中描述了常规化工作的积极一面；亚当·斯密在 1776 年出版了《国富论》，指出常规劳动时间的消极方面，并对此做了深入描述。狄德

---

[1] 《百科全书，或科学、艺术和工艺详解词典》（法语：*Encyclopédie, ou dictionnaire raisonné des sciences, des arts et des métiers*），通称《百科全书》（*Encyclopédie*），是 1751 年至 1772 年间由一批法国启蒙思想家编纂的一部法语百科全书。参加编纂的主要人员有孟德斯鸠、魁奈、杜尔哥、伏尔泰、卢梭、布丰等不少法国启蒙运动时期的著名人物。他们被称为百科全书派。

罗认为常规化工作像是一位必不可少的师长，就像死记硬背是学习过程中的必由之路；亚当·斯密则认为常规化工作会让人头脑僵化，死气沉沉。当今社会支持亚当·斯密的观点。而狄德罗曾指出站在他的对立面会带来哪些损失。

狄德罗的读者多为博闻强识之士，但《百科全书》中最为振聋发聩的几篇文章却关乎日常生活。那些篇章由几位不同作者撰写，内容涉及工业、农业和各类手工艺，另附系列版画来说明椅子或石凿的制作过程。18世纪中期的美术作品线条优雅，这是时代绘画的标志特点。但大多数艺术家仅将这种优雅的线条用于描绘贵族休闲场合或风景；而《百科全书》的插图作者把这种优雅应用在锤子、压纸机和打桩机等工具的图形绘制中。这些图像和文字别具匠心，都是为了凸显贯穿劳动过程的尊严。[原注10]

在《百科全书》第五卷中，可以首次看到常规化工作的别样尊严。一系列版画展示了一个实际存在的造纸厂安格雷。这家工厂靠近小镇蒙塔日，距离巴黎南部约六十英里[1]。造纸厂的布局宛如一座法式庄园，主楼两侧均以直角结构与较小的侧厅相连；我们还能从外观上看到工厂周围饰有花圃和花坛，如同坐落于田园风光中的贵族庭院。

这个工厂的外观设置看起来精致漂亮，堪称典范。其实，这里映射出狄德罗那个时代已经开始发生劳动上的巨大转变——家庭与工作场所在此得到了明确区分。18世

---

[1] 1英里约为1.6公里。

纪中期之前，家庭一直是经济的实际中心。乡村地区的家庭能够制造出满足自身消费需求的大部分物品；在巴黎或伦敦这样的大城市，商业贸易也往往在家庭住宅中进行。比如，在一位面包师的寓所中你会看到学徒期满的工人、尚在学习的学徒和面包师自己的一大家子人。他们"一起用餐，盘中食物是让所有人一起分享的，因为这幢房子就是所有人的起居之所"。历史学家赫伯特·阿普尔鲍姆（Herbert Applebaum）曾指出："这些人都为主人工作，他们衣食和住宿的开销都是制作面包成本的一部分。作为工资的金钱其实只是一小部分成本。"[原注11] 人类学家丹尼尔·德菲（Daniel Defert）称这种现象为"家庭经济"（"domus"）；主人在工资之外还提供住所和庇护，因此工人需要屈从于主人的意志，而住所和这种主从关系之间的关联密不可分。

在安格雷工厂，狄德罗描绘出一种从家庭中解放出来的工作新秩序。工厂并不为工人提供住房；但事实上这是法国第一批从外地招募工人的工厂之一，工人步行无法到达工作场所，必须骑马上班。过去，法国工厂都把工资支付给青少年工人的父母，而这里是最早把工资直接付给他们本人的工厂之一。造纸厂的外观赏心悦目，甚至可以用优雅来形容。这说明在版画家眼中，这种工作和家庭的分隔充满了积极色彩。

我们看到的工厂内部场景也很正面——秩序至上。其实，打浆造纸在18世纪时仍是一项混乱和恶臭的工作；用于造纸的破布往往是从尸体上剥下来的，之后为了分解纤维，还要在大桶里腐烂两个月。但安格雷的工厂地板一尘不染，也看不到强忍着要呕吐的工人。冲压机会把纤维打成纸浆，这原本会是生产过程中最混乱的一环，但是那个房间根本没有人。在分配了最多人力工作的房间里，三个工人通力协作的动作如芭蕾舞一般优美。纸浆在这里被舀起，然后被压制成薄薄的纸张。

这种工业秩序的奥秘在于精确的常规化工作。安格雷工厂中每样东西都有指定的位置，每个人都明确知道自己的任务。但对狄德罗来说，这种常规化工作并不意味着简单而无休止地机械重复一项任务。如果一位校长坚持让学生背诵五十行诗，他的目的是让学生对诗歌了然于胸，然后书到用时便可随心所欲，还能用来鉴赏其他诗歌。狄德罗曾经在《谈演员》（*Paradoxe sur le comédien*）中试着去解释，演员通过一次又一次地重复台词，能够逐渐挖掘出角色的深度。他也想要在工业劳动中挖掘出这些重复劳动的闪光点。

造纸并非无意识的劳作，狄德罗同样通过和艺术类比来说明这一点。他认为造纸的程序也在不断进化，因为工人能够学会操作和改变劳动过程的每个阶段。从更宏观的层面来说，这种工作"节奏"意味着，我们可以重复某个特定的操作，从而发现如何加速或放缓，做出新调整，摆弄原材料，摸索出新的实践方式——就像音乐家在演奏时学会管理时间一样。狄德罗说，正因为重复劳动和工作节奏，工人可以在劳动中达到"心手合一"的境界。[原注12]

这当然只是一种理想状态。狄德罗提供了一种微妙的视觉证据，使之变得可信。在画面中的造纸厂里，年轻的男孩们裁剪着带有陈腐气味的破布。他们单独在一个房间工作，身边没有成年人监督。在上浆室、干燥室和成品室，年轻的男孩、年轻的妇女和魁梧的男人并肩工作；当《百科全书》的读者读到这里，他们看到了实实在在的平等和友爱。这个画面中工人们的表情特别引人注目。无论手中的工作多么艰巨，他们也始终一脸平静。这反映了狄德罗的信念，即人们可以通过劳动来达成自我和解，平静自处。伏尔泰的《老实人》中，玛丁曾说："不需要创建理论，我们工作吧；唯有工作，日子才好过。"尽管狄德罗更具理论化的倾向，但他相信人民只要掌握常规化工作并把控节奏，就既能获得掌控力，又能处变不惊。这一点上，他和伏尔泰持相同观点。

在亚当·斯密看来，这些有序进阶、相互友爱又平心静气的画面则代表着一个不可实现的梦想。常规化工作会让人们的精神世界落入死寂。至少在他观察到的新兴资本主义组织中，普通劳动中的常规化工作似乎和艺术创造中那种带来积极作用的重复完全是两码事。亚当·斯密在1776年出版《国富论》时，被视为新资本主义的倡导者，这也成为之后人们对他的一贯解读。这是因为，他在书的开头就表明对自由市场的支持。但斯密不仅只是经济自由的拥趸而已，他也充分意识到了市场的黑暗面。当他思考这种新经济秩序中的常规化时间管理时，他对于其中存在的暗影尤为警觉。

《国富论》是基于斯密了不起的洞察力而创作的。斯密认为，在货币、商品和劳动力自由流通的条件下，人们从事的工作必须变得越来越专业化。自由市场的发展和社会分工紧密结合。我们通过观察一个蜂巢就可以轻松理解斯密的分工思想；随着蜂巢规模变大，其中每个蜂房都成为展开某一种具体劳动的场所。如果用正式的语言来描述就是，交易的数量级与生产功能的专业化有着密不可分的联系，无论是货币供应量的大小还是市场上的商品数量。

斯密自己选用一个针厂作为生动案例（这里说的不是现代缝纫针，18世纪的针相当于现在使用的大头针和小钉子，用于木工）。根据斯密的计算，如果一个针匠自己完成所有环节，每天最多只能做几百个；但若是在一个按照新式劳动分工来运作的针厂里，制作过程按照各个组成部分来分解，每个工人只完成其中某一部分，那么一个针匠每天可加工的数量则超过了一万六千个。[原注13] 而针厂在自由市场上展开贸易，只会进一步刺激市场需求，从中会产生更加大型的企业以及更为精细的分工。

狄德罗笔下的造纸厂只可以用来上班而不提供住宿，斯密描述的针厂也是如此。斯密说，使家庭生活和劳动相分离，是所有现代劳动分工中最重要的一环。和狄德罗的造纸厂一样，斯密描述的针厂正是因为常规化工作才运作有序，每个工人只履行某一项职能。针厂与造纸厂两个例子的不同之处在于斯密的看法。他认为这种人为安排工作时间的做法极其糟糕。

当然，在斯密身处的世界里，人们早已对规律的时间安排和日程表习以为常。从6世纪开始，教堂的钟声就把一天中的时间段标记出宗教单位；在中世纪早期，本笃会[1]迈出了重要的一步,不仅通过敲响钟声来标记祈祷时间,也同样用钟声来区分工作时间和用餐时间。后来,机械钟表取代了教堂的钟声,这时已经离斯密的时代很近。而到了18世纪中期,怀表得到广泛应用。今天,不论我们身处何方,不论我们的听力或视线范围内是否有教堂,我们都可以精确地报出现在时间是几点几分。因此,时间的概念已经不再局限于具体空间。为什么继续推行这种时间安排会变成一场人为的灾难?

《国富论》是一部鸿篇巨制。在亚当·斯密的时代,新经济的支持者往往只提到这本书富有戏剧性又充满希望的开头。然而,随着文本的推进,它所展现出的前路愈加暗淡,比如针厂就变成了一处更加险恶之地。斯密认识到一个事实,如果把制造大头针的任务按照各个组成部分进行分解,那么每个工人就得从早到晚都深陷麻木和乏味之中。他们只能时时刻刻都做着一成不变的细微工作。到了某个时间点,常规化工作就变得像是死路一条,因为人们开始逐渐对自己的努力失去掌控力。而在工作时间失去掌控力,则意味着人们已经变成精神上的行尸走肉。

在斯密所处的时代,他认为资本主义正在跨越这个巨大鸿沟;斯密宣称在新秩序中"那些劳动强度最大的人却收获最少",他当时是站在人道角度来考虑问题,而不是在讨论工资的多少。[原注14]他曾经在《国富论》中写下

---

[1] 本笃会(Ordo Sancti Benedicti)又译为本尼狄克派,亦被称为"黑修士"(得名于修会僧袍的颜色),是天主教的一个隐修会,是由意大利人圣本笃于529年在意大利中部卡西诺山所创,遵循中世纪初流行于意大利和高卢的隐修活动。其规章成为西欧和北欧隐修的主要规章。本笃会隐修院的象征是十字架及耕地的犁。

这样一段,堪称是全书最残酷的段落之一:

> 分工的进步则使大多数劳动者的工作被局限在了少数甚至一两个简单的操作上。……如果一个人一生都在进行少数相同的简单操作,……慢慢地变成了一个愚钝无知的人。[原注15][1]

因此,产业工人完全不会了解演员的境界:背了成百上千句台词的演员能够做到泰然自若,同时又具备灵动的表现力。狄德罗把演员和工人进行类比是错误的,因为工人并不能掌控自己的工作。制针工人在分工过程中沦为"愚钝无知"之人;工作的重复性也已让他平静下来。基于这些原因,工业中的常规化工作可能让人们的品格从根本上分崩离析。

如果这让亚当·斯密看起来像一个古怪的悲观主义者,这也许只是因为他其实是一位复杂的思想家,比资本主义意识形态对他的描述要复杂得多。在更早的《道德情操论》中,他曾经论证人与人之间的同情可以作为美德存在,以及辨别他人需求的能力是多么重要。他认为,同情心是一种自发的道德感,会在你突然理解了他人的痛苦或压力时爆发。然而,分工削弱了这种自发的情感爆发;程式化工作压制了同情心的涌现。可以肯定的是,斯密认为市场拓展和劳动分工必然带来社会的物质进步,但与社会

---

[1] 《国富论》,作者:亚当·斯密,译者:富强,北京联合出版公司,2014年11月,第482页。

的道德进步无关。关于个人品格,也许同情心的美德还揭示了一些更为微妙的方面。

我们可以看到,瑞科的道德核心在于对自己意志的坚决贯彻;而对亚当·斯密来说,同情心的自然爆发则超越了意志的力量,会把人卷进掌控之外的情感中,比如突然认同社会的失败,对谎话连篇或懦弱无能的人心怀同情。同情心的爆发在时间上属于自发领域,会将我们推出正常的道德边界。它完全不可预测,也超乎常理。

斯密强调这种情感迸发的伦理重要性,这种说法在那个时代显得别具一格。和他处于同时代的伙伴们大多从伦理方面来观察人的品格,认为这和自发的情感或是人的意志并无关联。杰斐逊在《建立宗教自由之议》(1779)[1]中指出:"人们的看法和信仰不由他们的自身意志决定,而是会不由自主地受到摆放在眼前的证据左右。"[原注16]品格能敦促我们履行自身职责,正如詹姆斯·麦迪逊在1785年曾说,遵循良心的指示"也是不可剥夺的权利,因为这里所说的人权其实就是对造物主的责任。"[原注17]自然和自然之神发出指示,人类服从。

亚当·斯密描述品格时使用的语言也许和我们更为贴近。在他看来,品格是由历史进程塑造的,而其中又有许多不可预知的曲折。工作常规一旦建立,留给个人历史进程的空间就少之又少;若要发展个人品格,就必须打破常规。斯密针对这个普遍性的主张展开了具体阐释,他赞美

---

[1] 1779年,杰斐逊完成《建立宗教自由之议》初稿,并视此案之通过为重要成就。对他而言,政教分离不仅是抽象的观念,而是对基督教各派互以他派为异端的宗教"专制"之必要改革。

商人的品格，认为他们及时回馈了当下不断变化的需求，而且富有同情心。那些工业工人深陷常规化工作束缚之中，斯密则对他们的品格状况表示同情。在他看来，商人在社会中的参与程度更高。

尽管马克思并不赞美商业贸易或商人，但他是亚当·斯密的忠实读者。我们对此应该并不感到惊讶。至少，他曾在年轻时欣赏《道德情操论》中关于自发性的整体理论；在他成为更成熟冷静的分析家之后，他就把注意力集中在斯密笔下常规化工作的弊端，还有导致工人对工作失去掌控的分工方式。这些基本要素组成了马克思对商品化时间的分析。在斯密对针厂日常工作的描述中，马克思增加了与德国一些旧有做法的对比，比如德国制度"一日的工作"（Tagwerk），即按一天的劳动来计算工钱。在这种工作方式中，工人可以根据自己的环境条件进行调整，在雨天可以采取和晴天不同的工作方式，或者根据供应品的交付情况来安排工作任务；这种工作方式有张有弛，因为工人自己有掌控能力。[原注18] 相比之下，正如马克思主义史学家E.P.汤普森后来所写，在现代资本主义中，就业者"体会到了雇主的时间和'自己'的时间之间存在显著区别"。[原注19]

亚当·斯密和马克思对常规化的工作时间感到忧心忡忡。这种担心传承到我们这个时代之后，已演变为一种被称作福特主义（Fordism）[1]的现象。斯密对于18世纪末

---

[1] 福特主义（Fordism）一词用于描述一套基于工业化和标准化大量生产和大量消费的经济和社会体系。这个概念以亨利·福特来命名，后来广泛运用在有关20世纪的生产、工作条件、消费和其他相关现象的社会学、经济学和管理学中，其成功之处被认为来源于三个主要原则：产品的标准化、生产流水线的采用、高于一般生活开销的工薪。

兴起的工业资本主义怀有担忧。而福特主义这一概念本身，尤其是这个概念被命名的语境，能够帮助我们最为充分地记录这种情绪。

在 1910 年至 1914 年期间，福特汽车公司的高地公园工厂（Highland Park factory）被普遍认为是以技术为基础的劳动分工典范。在某些方面，亨利·福特堪称人性化的雇主。他给工人支付五美元的优厚日薪（相当于 1997 年的一百二十美元），并把员工也纳入分红计划。但是，工厂车间里的劳动情况又是另一幅图景。亨利·福特认为，如果有人对工作时的生活体验感到忧心，这简直是"一派胡言"；对于工人工作中要忍受的无聊，每天五美元的报酬已是足够丰厚的补偿。

在福特创建像高地公园这样的模范工厂之前，汽车工业仍以手工技艺为基础。高度熟练的工人经过一天的工作，就可以对引擎或车身实现许多复杂操作。这些工人享有高度自主权，而当时的汽车工业其实类似一群分散各处的店铺车间。斯蒂芬·迈尔（Stephan Meyer）指出："许多技术工人往往都有助手，可以自行决定对助手的雇用或者解聘，并支付其固定比例的营收。"[原注20] 1910 年左右，针厂模式开始在汽车工业中成为主流。

随着福特汽车将其生产过程工业化，该公司开始倾向于雇用所谓的专精工人，而非熟练的技术工人；专精工人的工作属于微型操作（miniature operation），无需思考或判断。在高地公园的福特工厂里，大多专精工人都是新近入境的移民，技术工人则多为德国人和其他已经扎根的美国人；管理阶层和"土生土长"的美国人都认为新移民笨头笨脑，只能胜任程式化工作。到了 1917 年，专精工人已经占据劳动力总人数的 55%；还有 15% 是在生产线的两侧来回穿梭的清洁工和保洁员，他们的工作没有技术含量；而技术工人的比重已经下跌至 15%。

"廉价的人需要昂贵的辅助工具，而技艺高超的人只需要工具箱就够了。"[原注 21] 斯特林·布内尔（Sterling Bunnell）如是说，他是这些变革的早期支持者。这种观点认为可以用复杂的机器来简化人类劳动，而亚当·斯密的恐惧正是由此而生。例如，工业心理学家弗雷德里克·W. 泰勒（Frederick W. Taylor）认为，在一家大型企业中，机械和工业设计可能非常复杂，但没有必要让工人去理解这些；事实上，他认为工人越是不为理解整体设计而"分心"，就越能高效地专注于本职工作。[原注 22] 泰勒提出了为人诟病的时间-动作（Time-motion）研究，即通过秒表来测算安装一个汽车前灯或一片挡板该花多长时间，精确到秒。时间-动作管理将亚当·斯密描绘的针厂形象推向了近乎虐待的极端，但泰勒却相当自信，他的人类小白鼠会顺从地接受测量和操纵。

但事实上，最终工人并没有被动地接受这种常规性的时间奴役。大卫·诺布（David Noble）观察到，"工人们运用各种技巧来破坏时间-动作研究，而且只要方法和流程规范变得碍手碍脚，或是和他们的自身利益相冲突，他们便会理所当然地对其置之不理。"[原注 23] 此外，当斯密笔下这些"愚蠢无知"的生物在工作中变得心灰意懒时，生产力也会随之下降。通用电气公司的霍桑工厂实验表明，任何对于工人真情实感的人格化关注，都可以提高他们的生产力；因此，埃尔顿·梅奥（Elton Mayo）等工业心理学家着力敦促经营者更多地对员工表示关注，并把心理治疗的咨询方式应用于工作场合。但梅奥这一类工业心理学家也知道，身处在时间的铁笼之中，无聊带来的痛苦纵然可以缓解，仍无法被彻底消除。他们对此洞若观火。

常规化工作带来的痛苦在恩里克这一代人身上达到顶峰。1950年代有一项名为"工作及其不满"（Work and Its Discontents）的经典研究，丹尼尔·贝尔（Daniel Bell）试图在另一家汽车厂即通用汽车公司位于密歇根州的柳树大道（Willow Run）工厂中分析这种典范现象。亚当·斯密所形容的蜂巢现在已经变得无比庞大，柳树大道工厂延伸一千米，宽达四百米。这里有制造汽车所需的所有原材料，从生钢到玻璃砖再到皮革，全都可以在一个屋檐之下组装起来。负责协调工作的是一个纪律严明的官僚机构，由分析员和经理组成。这个组织太过复杂，唯有通过明确的规则才能运作起来。贝尔称之为"工程理性"（engineering rationality）。这个设计精良的巨笼有三个运作原则："规模的逻辑、'度量时间'的逻辑以及等级制度的逻辑"。[原注24]

规模的逻辑很简单，那就是规模越大，效率越高。比如在柳树大道工厂，所有的生产要素都被集中在一处，这样可以节约能源和物料运输成本，并让工厂与公司的白领办公室紧密配合，比如销售和行政部门。

等级制度的逻辑则没有那么简单。马克斯·韦伯在定义人的铁笼时曾说过："不需要特别的证据即可证明，军事纪律是现代资本主义工厂的理想模式。"[原注25]然而，贝尔注意到，1950年代通用汽车这样的公司控制模式略有不同。"组织并引导生产的上层结构……把所有可能的脑力劳动都从各个车间里抽离出来；一切都以策划、管理和设计部门为中心。"从结构上看，这意味着让技术人员和管理人员尽可能地远离工厂里繁忙的机器。于是，工作中的将军实际已和下属部队失去联系。但随之而来的结果只是加强了常规化工作的麻木弊病，导致"身处底层的工人只关注细节，任何有关他手中产品的决定或修正都和他毫不相干。"[原注26]

柳树大道工厂的这些弊病，仍然建立在泰勒的"度量时间"逻辑之上。在这个大型工厂里，时间不论在哪都被精确地计算着，这样高层管理人员就能明确知道每个人在具体时间点应该做什么。比如，让贝尔大为震惊的是，通用汽车公司"将一小时分为十个时段，每段六分钟……工人按其工作的时段数量来计算工资，每个时段对应十分之一小时。"[原注27]这种对工作时间的计算方式非常细碎，公司内部还结合了非常长期的时间衡量标准加以考量。工龄工资与一名员工为通用汽车公司工作的总时数密切相关；工人可以精确计算出假期和病假的福利。不论是白领办公室的下层员工还是流水线上的体力劳动者，在晋升和福利上都受到微观时间尺度的牵制。

然而，到了恩里克这一代，度量时间标准已不只是管理层为了大型工业组织的发展而实施的压制和支配。汽车联合工会和通用汽车公司的管理层焦头烂额，针对这些时间表展开了激烈的谈判；工会普通员工都在密切关注这些谈判中涉及的数字，有时堪称狂热。关于常规化工作时间的讨论讨价还价已经成为工人被赋权的舞台，他们可以在这里大声提出自己的要求。

这种政治上的结果是亚当·斯密始料未及的。熊彼特曾用"创造性破坏"一词来整体性地描绘企业家风暴，这意味着斯密式的针厂在整个19世纪中都在走向倒闭，他的理性蜂巢只是停留在纸上的设想，放在金属和石头的原材料中往往只能存活数年。工人也会做出相应努力来使工作时间常规化，力求保护自己并抵御风险。比如，工人会设立互助会的储蓄账户，或通过国家抵押贷款协会来按揭房款。我们现在不会倾向于将常规化的工作时间视为一种个人成就，但若考虑到工业资本主义的压迫和起落，这已成为一种事实上的成就。这让常规化的时间工程变得意义复杂。在福特公司的高地公园，或是通用汽车公司的柳树大道工厂，似乎常规化的工作时间已经达到某种圆满效果。我们也已经看到，正是出于这种对常规时间安排的执念和关注，恩里克为他的生活打造出一种积极的叙事方式。常规化工作也许会让工人矮化，但也可以保护他们；常规化工作可能会让劳动过程碎片化，但也可以创作出一种生活方式。

尽管如此，亚当·斯密所恐惧的实质内容对丹尼尔·贝尔来说仍宛然在目。贝尔当时还在试着找出工人没有反抗资本主义的原因。可以说，他当时已经差点敲响社会主义信仰的大门。他已了解到，即使工人因工作内容被掏空而深深不满，但这仍不足以让他们对资本主义造反：对常规化工作的抵抗不足以引发革命。但贝尔仍是社会主义大家庭中的一个好苗子。他认为自己在无序扩张的柳树大道工厂现场目睹的一切堪称悲剧。

从贝尔的柳树大道工厂到福特的高地公园,再到亚当·斯密的针厂,浮现出了一条共通的线索。所有这些劳动场景中,常规化工作都在让人退化,让人精神上变得无知——而且是一种很特别的无知。工人对于眼前的工作足够清楚,一小时又一小时地按着同一个杠杆或曲柄。他们缺乏一种更大的视野,无法看到另一种未来,也不知该如何改变。如果换一种方式来批判常规化工作,可以说机械活动无法生成更宏大的历史叙事感,正如恩里克这类工人的生活只是一种对现状的妥协,或是一种微观叙事。从马克思的视角来说,这在历史的宏大画卷上可以忽略不计。

正是基于这个原因,狄德罗和亚当·斯密之间的古老辩论至今仍然鲜活。狄德罗并不认为常规化工作是种退化;相反,他认为常规化工作能够生成叙事,因为工作的规则和节奏会逐步演变。这位哲学家游手好闲,还是18世纪中期巴黎低俗沙龙的常客。讽刺的是,和现在许多为人民代言的人相比,他似乎更像一位先驱,捍卫着普通劳动的内在尊严。社会学家安东尼·吉登斯[1]是狄德罗最优秀的现代继承人,他一直努力让狄德罗的观点常青如初。他指出了"习惯"在社会实践和自我洞察中的核心价值;我们只有通过对比已经掌握的习惯,才能检验其他选择。试想一下,如果生活由一时冲动和短期行为组成,缺少持续的常规,那么这样一种没有习惯的生活,其实也就是一

---

[1] 安东尼·吉登斯(Anthony Giddens,1938—),英国社会学家,以结构理论(theory of structuration)与对当代社会的整体论(holistic view)而闻名。他提倡的"第三条道路"政策也影响了英国的国家政策。

种失去心智的生存状态。[原注28]

今天,我们站在探讨常规问题的历史分岔路口。弹性制度带来了全新话语体系,意味着在有活力的企业部门中,常规化工作正在消失。然而,大多数的劳动力仍在福特主义的范围之内。我们很难得到简单的统计数字,但根据表1的内容,可以大致估算出现代社会的工作至少有三分之二是重复性的,亚当·斯密应该会认为,这些工作和他笔下针厂的工作类似。根据表7的描述,如今使用计算机的工作同样大多是常规化任务,比如录入数据。如果我们与狄德罗、吉登斯一样,认为这种劳动并不一定会让人的本质降格,那我们就会转而关注完成工作的环境条件;我们会希望工厂和办公室看上去能更加接近安格雷造纸厂的版画,显示出相互合作、彼此支持的劳动景象。

然而,如果我们倾向于认为,常规化工作会让人的本质发生降格,那我们就会对工作过程本身展开口诛笔伐。我们会憎恶常规化工作,以及一手创造它的官僚主义制度。也许,我们会渴望更大的市场,希望市场反应更快、生产力更高、利润更大,这些切实的愿望都是强大的内驱力。但是,我们不必成为贪得无厌的资本家;我们深受亚当·斯密思想的影响,可能因此认为更具弹性的经验能带给人们更好的刺激和启发,无论在工作中还是在其他机构都是如此。我们也可能会认可自发性的可贵。那么,随之而来的问题就会变成,给我们带来诸多风险和不确定性的弹性制度,是否真的能够抗衡它本想要解决的人性邪恶?即使我们假设,常规化工作会让人的品格变得平静顺从,那么弹性制度又是如何让人更积极地投身工作呢?

三 弹性

弹性（flexibility）一词在 15 世纪进入英语词汇。它的含义最初是从简单的观察衍生出来的——虽然树木在风中会变得弯曲，但树枝仍会弹回原来的位置。"弹性"指的正是树木这种能屈能伸的能力，这对其形态既是考验也是重建。在理想情况下，有弹性的人类行为也应具有同样的韧性，既能够适应不断变化的环境，又能保证自身不受损害。当今社会正在寻求途径来创建更有弹性的机构，希望能打破常规化工作带来的弊端。然而，弹性制度的践行却往往带来让人折腰的强力。

早期的现代哲学家把弹性的弯曲力和自我的感受力相提并论。洛克在其著作《人类理解论》中写道："自我是具有意识，并会思考的……自我对愉悦和痛苦都有感觉、有意识，并能够体验幸福或痛苦……"休谟在《人性论》中主张："当我和我所称的'自我'最为合一的时候，我总会偶然发现种种特别的感觉，比如热或冷、光或影、爱或恨、苦或乐。"[原注 29] 这些感觉是在外部世界的刺激之下产生的，而这些刺激会让人的自我一会儿向东，一会儿向西。亚当·斯密的道德情操理论正是建立在这些变化多端的外在刺激之上。

从此之后,关于品格的哲学思考一直致力于寻找内在调控和复原能力的规律,这些能力可以让自我意识不再受制于感官变化。然而,在亚当·斯密专攻政治经济学之后的著作中,其关注重点已转向纯粹性的变化。这种弹性制度总是和企业道德联系在一起。继亚当·斯密之后,19世纪的政治经济学家们总是把企业家放在工业劳工的对立面,认为前者反应敏捷,而后者则在沉闷生活中迈着沉重缓慢的步伐。密尔在《政治经济学原理》中将市场视为人生舞台,既充满挑战,又危机四伏,而商人则被视为即兴表演的艺术家。

亚当·斯密是一位富有同情心的道德主义者,但在他之后的政治经济学家则普遍关注另一种道德价值。对密尔来说,弹性行为给予我们个体的自由。我们现在仍然倾向于认为能应对变化的开放性和适应性都是自由行动所需的品格特质——人类正是因为有能力改变才获得自由。然而,在我们现今的时代,新的政治经济制度违背了个体这种对于自由的渴求。我们反感官僚常规,追求弹性,却没能创造出让我们自由的条件,反而催生了新的权力控制结构。

潜伏在现代弹性形式中的权力系统主要具有三个要素:企业机构重塑的不连贯性、生产的弹性专业化、散点状的集权化。对我们大多数人来说,这几大要素中蕴含的事实并不神秘,反而非常熟悉,但要评估这些事实对个人带来的后果则更加困难。

先谈谈企业机构重塑的不连贯性。在当今的企业手册或杂志上,弹性的行为总被描绘成一种对于变化的渴求;事实上,这是一种并不寻常的变化,会给我们的时间感带来特殊影响。人类学家埃德蒙·利奇(Sir Edmund Ronald Leach)曾试图把时间变化的经验分为两种类型:在第一种情况下,我们知道事物正在变化,但和既往状态之间似乎仍存在连续性;在另一种情况下,变化会带来断裂感,因为某些行为已经让我们的生活发生了不可逆转的改变。[原注 30]

这里可以以圣餐这样的宗教仪式为例。当你拿到面饼时,你相当于加入了两百年前某个人同样的行为之中。如果你用黑麦面饼来代替白面饼,你并不会极大地扰乱仪式的意义;新面粉也可以融入仪式之中。但是,如果你坚持已婚妇女也能够担任牧师并主持圣餐的话,则可能让"牧师"的内在含义发生不可逆转的变化,"圣餐"的含义亦然。

在劳动力这方面,狄德罗笔下造纸厂的节奏,以及吉登斯所描述的习惯,体现的正是第一种时间感:虽有变化发生,但仍和过去连续。相比之下,我们今天用来对抗官僚常规的那种弹性变化,却会让企业机构发生决定性的重塑,而且不可逆转,也因此让现在的时间与过去彻底断裂。

现代的管理实践都基于这样一个信念:和福特主义时代的金字塔式等级制度相比,松散的网络更方便企业展开明确果敢的改革。网络中各个节点之间的联系比较松散;

你可以取走一部分，而不破坏其他部分，这至少在理论上是可行的。整个系统由碎片组成；而这恰恰是加以干预的机会。正是因为这种不连贯性，才留出了修正的空间。

以这种方式来改造机构，需要用到具体技术。到目前为止，这些技术的实践结果都比较不错。管理人员可以通过软件来设立一套标准化操作程序（SIMS）；通过SIMS软件，超大型企业也能够看到其机构蜂巢中的所有蜂房正在生产什么，若发现功能重复或效率不高的蜂房，便可当机立断地削减。同样的软件模型也能帮助会计师和企划人员进行量化评估，在公司合并时可以裁掉哪些项目或员工。"扁平化"（delayering）[1]这个概念指的是一种具体操作，即缩减管理人员的数量，但给他们分配更多下属；"纵向分解"（vertical disaggregation）指的是让公司各个单元的成员去执行为数不少的多重任务。

这种做法对应一个众所周知的术语："再造"（reengineering）。而企业再造的大动作往往就是缩减工作岗位。根据估算，1980年至1995年间被裁员的美国工人数量应在一千三百万到三千九百万之间。裁员会直接导致不平等的现象愈发严重，因为那些被裁的中年员工中，只有少数能重新找到不低于之前工资的岗位。《企业再造》（*Reengineering the Corporation*）一书是阐释这个主题的现代经典之作。有人批判企业再造仅仅只是解雇员工的借口而已，但此书作者迈克尔·哈默（Michael Hammer）和

---

[1] 组织扁平化（Delayering of Organizations）指的是通过减少一个大型组织的层级数量，来简化其行政结构，"delayering"可被译作"扁平化"，或被译为"缩减层级"。

詹姆斯·钱匹为企业再造辩护，认为"裁员和重组只意味着工作变少，员工也相应减少；而企业再造则是聘更少的人做更多的事"。[原注31]这个说法援引效率作为论据。"再造"一词本身含义就是与过去划清界限，从而实现更精简的工序。但是，"效率再造"这个词的引申含义存在误导性。不可逆的改变之所以发生，正是因为再造的过程相当混乱。

例如，许多企业领袖在 1990 年代中期已经很清楚，一个大型组织想要确定新的商业计划，然后根据自身情况进行修整和"再造"，再全力以赴将新的设计付诸现实，这一切都只是高薪咨询顾问在做白日梦。埃里克·克莱蒙斯（Erik Clemons）是这些咨询顾问中最为清醒且脚踏实地的一员，他曾经这样自我批评，"许多、甚至是绝大多数的企业再造工作都以失败告终"，主要是因为企业组织在人事精简的过程中运转不灵，比如商业计划半途而废，屡屡修改；预期利润最终不过昙花一现；整个组织迷失了方向等。[原注32]企业的各种变化并没有跟随明确的方向指引箭头，而是朝着不同甚至往往相互冲突的方向前进。例如，一家企业忽然转卖了有盈利的经营部门，但在几年后做再造时又试图把这部分业务再买回来。基于对这样的曲折进程的观察，社会学家斯科特·拉什（Scott Lash）和约翰·乌里（John Urry）更倾向于认为弹性制度是"组织化资本主义在苟延残喘"。[原注33]

这种说法听起来可能太过极端。但在管理企业的理念中，制度变革是为了实现更高的效率，而不是在做无限度的实验，因此我们有必要问清楚最终结果是否成功。具体来说，新制度是为了更高生产力的名义才诞生，其瞄准的目标正是铲除常规化工作的弊病。

1990年代初，美国管理协会（American Management Association）和华信惠悦咨询公司（the Wyatt Companies）曾对那些认真对待裁员的公司进行调研。美国管理协会发现，持续裁员会导致"利润减少，工人生产力下降"。华信惠悦咨询公司则通过研究发现，"达到减少开支目标的公司不到一半，提高收益率的公司不到三分之一"，提高生产力的公司不到四分之一。[原注34]失败的部分原因不言自明——经历一波波裁员之后，员工的士气和工作动力已经大幅下跌。幸免的员工并未因胜过那些被裁的同事而欢欣鼓舞，只是静候着裁员的斧头下一次打到自己身上而已。

普遍来说，虽然大规模计算生产力是一项无比复杂的工程，但我们好歹也有充分的理由怀疑当今时代的生产力是否真比过去更高。以一项具体的增长指标为例，比如国内生产总值（GDP）。根据这项衡量标准，在官僚机制的鼎盛时代的生产力比现在增幅更大；而现在所有主要工业国家的生产力都在走下坡路。（参见表3）由于科技进步，一些国家的制造业出现明显增长。但若把所有形式的白领和蓝领劳动都算进去，可以发现整体生产力的增长已经放缓。不论从工人的个体产出还是从工作时间的角度来衡量，均是如此。有些经济学家甚至认为，如果再加上所有电脑化工作的成本，其实科技已让我们看到生产力的赤字。[原注35]

然而，企业再造过程中效率低下或组织混乱，并不意味着企业进行急剧且颠覆性的变革是师出无名。这类企业再造意味着切切实实的变化，个中缘由我们非常清楚。在企业的重组过程中，股票价格往往会上涨，好像任何改变都胜过原地踏步。在现代市场的运作中，打破原有组织已成为有利可图的事情。虽然从生产力的角度来看，这种破坏可能并无正当理由。但因为股东能够短期内获利，这成为他们重组企业的强大动力。"再造"这个词看似令人放心，但其实掩盖着一股混乱的力量。于是，本被看好的部门被砍得四分五裂，或被弃之不顾。企业不仅没有奖励有能力的员工，反而对其放任自流。这一切只是因为企业必须向市场证明自身有改变的能力。

但是，现代资本主义寻求的是一种决定性的、不可逆转的变革，尽管这种改变可能是混乱的，而且并不能提高生产力。这些变革背后还有一些更为根本的原因在推动。这些原因和消费者需求的反复波动有关。这些需求反复无常，从中产生了弹性制度的第二个特点，即生产形式的弹性专业化。

再谈谈弹性专业化。简而言之，弹性专业化的目的在于让更多的产品以更快速度进入市场。经济学家迈克尔·派尔（Michael Piore）和查尔斯·赛伯（Charles Sabel）在《第二次产业革命》（*The Second Industrial Divide*）一书中描述了意大利北部的小型企业之间曾如何灵活运用弹性专业化，从而能快速响应消费者需求的变化。这些公司既共同协作，又相互竞争，各自寻找短期而非永久的利益市场，以适应服装、纺织品或机器零件这类产品的短暂寿命。政府发挥着积极的作用，帮助这些意大利公司共同创新，而不是被困在你死我活的战斗中。派尔和赛伯把他们研究的这种系统称作"永久创新的战略：适应没有尽头的改变，而不是试图掌控改变"。[原注36]

弹性专业化和福特主义所体现的生产体系正好互相对立。更具体来说，在今天的汽车和卡车制造工业中，丹尼尔·贝尔观察到的那种长达一英里的老式装配线已经被专业化生产的群岛所取代。黛博拉·莫拉莱斯（Deborah Morales）曾经研究过汽车工业中的各种弹性化工厂。她强调说，工人每周甚至每天要求完成的任务一直在变化，响应市场需求而推陈出新变得尤为重要。[原注37]

弹性专业化的必需要素我们也已耳熟能详。弹性专业化和高技术相适应；得益于计算机的存在，工业机器可以轻而易举地重新编程并安装。现代通信速度很快，这也有利于弹性专业化的发展，因为公司在弹指之间就可以获得全球市场的数据。此外，这种生产形式需要迅速决策，因此适合小型工作团队；相比之下，在大型的官僚阶层金字塔中，决策脚步则可能放缓，因为文件必须上达高层，得到总部的批准。这种新兴生产过程中，人们必须意识到要根据不断变化的外部需求来决定机构内部的结构，这是占比最重的前提。只有具备所有这些市场反应的要素，人们才能够接受决定性的、破坏性的变革。

用意大利的例子来说明生产创新的前沿似乎看起来有点奇怪，至少对美国人来说如此。虽然许多欧美公司都从日本学过许多弹性专业化的技术技巧，但美国商界的论调往往认为，美国经济整体而言比其他经济体更富有弹性，因为美国的政府干预相较欧洲和日本更少，因而经济自由度更高。在美国，关系网络不那么重要，工会影响力较小，而且公众对于破坏性的经济变化也有更高的忍受度（见表10）。

在美国人的隐性认知中，弹性制度不仅仅是一种经济制度，也是一种政治制度，上述偏见也由此产生。弹性制度的问题涉及政治经济体本身，而且在今天欧美的部分地区，也确实找到了对比鲜明的案例。人们能够被迫适应到何种程度，是否存在极限？政府是否能像大树一样让人们具有抗拉的韧性，保护每根树枝在力道改变时不至断裂？

法国银行家米歇尔·阿尔伯特（Michel Albert）将先进国家的政治经济制度分为"莱茵河模式"和"英美模式"，展现了处理上述问题的两种对照方案。第一种模式在荷兰、德国和法国已存在近一个世纪：工会和管理阶层共享权力，政府的福利机构则提供一张相当紧密的安全网，由养老金、教育和健康福利组成。意大利、日本、斯堪的纳维亚国家和以色列都曾应用这种"莱茵河模式"。

另一种"英美模式"指的是英美两国的现今，而非过去的状况。这种模式赋予了自由市场资本主义更大的空间。"莱茵河模式"强调经济机构对政体具有某些义务，而"英美模式"则强调国家官僚机构处于经济之下的从属地位，因而愿意让政府提供更宽松的安全网。[原注38]

在市场方面，"莱茵河模式"可以像"英美模式"一样富有弹性和决断力。以意大利北部地区为例，政府和私营企业的结合就是典型的"莱茵河模式",也能弹性地应对不断变化的市场需求,迅速又娴熟地做出回应。在某些形式的高科技制造业中,处于变化中的企业组织若采用"莱茵河模式"的密集网络,确实可以对消费者的需求予以更多回应;而不是像它新自由主义的表兄弟那样,深陷反对政府"干预"的疑云斗争中,也不用费尽心思去消灭竞争对手。这两种制度的真正区别在于市场和国家的关系。

"莱茵河模式"倾向于在弱势民众利益受损时急踩刹车,暂停变革,而"英美模式"则更倾向于在工作组织和实践中追求变革,不惜让弱势群体付出代价。"莱茵河模式"对政府官僚机构多少友好一些,而"英美模式"的运作原则是,政府在被证无罪之前,是默认有罪的。曾任荷兰首相的吕德·吕贝尔斯(Ruud Lubbers)说过,正是因为荷兰民众信任政府,千难万苦的经济调整才得以落实,若是在民众反对呼声较高的国家,这种调整则是不被接受的。[原注39] 因此,"英美模式"常被贴上"新自由主义"(neoliberalism)的标签(此处"自由"的根本意义是指不受管制);"莱茵河模式"则常被形容为"国家资本主义"。

这两种制度的缺陷各不相同。"英美模式"失业率很低,但薪资不平等的现象日益严重。的确,"英美模式"现在财富不均的残酷事实可谓骇目惊心。经济学家西蒙·海德(Simon Head)曾经计算过,1973年至1995年间,美国底层80%劳动人口的平均周薪(通过通货膨胀率调整之后)下降了18%,而企业精英的税前薪资却上浮了19%,经过税务人员的生花妙手之后,提高幅度甚至可达

66%。[原注40]另一位经济学家保罗·克鲁格曼[1]指出，在1979年至1989年的十年时间内，美国最顶端1%的工薪阶层实际收入增加了一倍以上，而在此之前的几十年间，他们的财富积累速度则缓慢得多。[原注41]英国《经济学人》杂志最近统计，收入最高的20%工薪阶层，收入是底层20%人群的七倍，而二十年前差距尚且只有四倍。[原注42]因此，有位美国劳工部长认为，"我们的社会正在走向两极分化，除了少数赢家，剩下的就是掉队落后的大多数人。"联邦储备银行主席也对这一观点表示赞同，他最近宣称收入不平等可能会成为"对美国社会的头号威胁"。[原注43]

在"莱茵河模式"中，虽然在上一代人中薪资财富的差距并没有那么大，但失业率却已成为一种诅咒。在1993年至1996年的三年时间中，美国经济创造了近八百六十万个工作岗位，英国的就业市场也从1992年开始蓬勃发展，但在过去的十年中，几乎所有欧陆和日本的劳动力市场都停滞不前。[原注44]（见表2）

列出这些差异，可以凸显出一个简单的事实：弹性生产的运作，取决于一个社会如何定义"共同利益"。"英美模式"下的社会虽然财富不均，但就业充分，政府也没有施加多少政治约束；而"莱茵河模式"的福利网络则对普通工人的福祉更为敏感，这反而成了创造就业的阻力。你愿意容忍哪一种弊端，取决于你想要追求哪种优势。正是基于这个原因，"制度"一词才派上用场，它蕴含着市

---

[1] 保罗·罗宾·克鲁格曼（Paul Robin Krugman，1953— ），美国经济学，新兴凯恩斯主义经济学派代表，2008年诺贝尔经济学奖得主。

场和生产得以运作的权力条件。

最后是散点状的集权化。这是弹性制度的第三个特点。弹性制度所使用的网络、市场和生产持续变化，导致一种看似矛盾的现象出现，即决策权力集中，而行事权力呈散点状分布。

形容新式工作组织的一种说法是，它将权力分散，给予组织中的下层人员更多掌控自己活动的权力。目前企业采取各种技术手段，想要拆解旧式官僚巨兽。但从这一点来看，这种分权的说法显然是错误的。因为新的信息系统能把企业组织的情况全盘提供给高层管理者，这让工作网络中每个角落的个体都无处藏身。有些员工原本只和直属上司打交道，这种谈判过程可能为他们提供庇护，而标准化操作程序取代了这个环节。同样地，"纵向分解"和"扁平化"也绝对无法削除集权。在弹性权力的群岛之中，仍然存在一个权力的大陆；大陆上的人决定，"特立尼达岛"和"瓜德罗普岛"以前完成的工作可以由"巴巴多斯岛"接手，而"巴巴多斯岛"每次增添工作负担都是被上级指派，而非自主选择。

小型工作团队总是需要承担许多不同的任务，并在管理上不堪重负。这是企业重组过程中常见的特点。这和亚当·斯密的想象正好相反，他认为针厂能够将劳动分工进一步细化。要在几万或几十万员工身上展开这种实验，需要压倒性的指挥权。因此，这种新秩序加强了原本经济体中的不平等，并又带来了组织内部的新型不平等，以及新型的专制权力。

单就弹性专业化而言，试想我们购买的品牌个人电脑，它们由来自世界各地的零件和组件拼装而成，品牌名称顶多只是最终的整体包装而已。电脑的生产过程是在一个全球化的劳动力市场上进行的，最终导致一种被称为"架空"（hollowing）的生产实践，因为品牌名称只是一种徒有其表的标志。本尼特·哈里森曾在其经典研究《组织瘦身》（*Lean and Mean*）中阐明，在这种生产方式中，阶层权力仍然稳定地占据着主导地位；那些不断切换的附属公司就像芭蕾伴舞团一样，被大公司牢牢掌控。大公司还将商业周期的低谷、生产失败的产品都转嫁给这些较为弱势的合作伙伴，使其受到更大挤压。各个工作岛屿总是漂浮在权力大陆的外围海域之中。

哈里森把这种既不平等又不稳定的关系网络称作"散点状的集权化"；它补充了自上而下重组企业的权力，使之变为网络中的碎片和节点。组织中的各种团体被设定了生产或利润目标，每个单位得以自由选择合适的方式来一一实现，这就是"散点状的集权化"中实施掌控的方式。然而，这是一种似是而非的自由。弹性组织一般不会设定那些容易达成的目标，通常情况下，各单位被迫生产或收益的目标都远远超出了自身能力。这些目标大多并不符合现实中的供给和需求；企业的最高管理层往往会不顾现实情况，尽力推动各个工作单位越发努力地工作。[原注45]

我们还可以通过另一种方式来理解哈里森所描述的权力体系：要挑战旧的官僚秩序，并不意味着简化企业的体制结构。各个工作单位和员工仍被施压，必须达成目标，而原有结构仍然存在于这种施压的力量中；剩下的问题是要如何达到目标，而弹性组织的高层却很少会提供答案。

高层管理者更多时间是在自顾自地盘算自身需求，而不是去设计一套可以达到要求的制度。"散点状的集权化"是一种传达方式，将操作命令传达开来，而结构不再像金字塔一样层次清晰。这意味着组织结构已经变得更加错综复杂，而不是更加简洁明了。这就是为什么"去官僚化"（debureaucratization）这个词既让人误解，又读来别扭。在那些实行"散点状的集权化"的现代组织中，从上至下的控制是既强大又毫无章法的。

若想要理解弹性制度的三个要素如何共同运作，可以观察工作场所如何安排时间。如今的弹性组织正试着变换不同的时间安排方式，这被称为"弹性时间"（flextime）。工作日不再按照每月固定不变的轮班时间表来安排，人们有了各不相同又更具个性的时间表，形成了马赛克一般拼凑而成的时间安排，珍妮特的办公室就是如此。这种马赛克式的工作时间似乎与针厂里单调的劳动组织相去甚远；的确，这看似是对工作时间的解放，也是现代组织反对标准化常规化工作之后产生的切实益处。不过，现实中的弹性工作时间却与之大相径庭。

弹性时间的兴起是由于有新一批妇女涌入职场，其中弗拉维亚这类贫困妇女的就业人数一直多于资产阶级妇女。我们之前提到，在上一代的美国、欧洲和日本都有大量妇女跻身中产阶级劳动力的行列，甚至在怀孕生子之后仍留在职场；她们加入了已在服务和制造业就职的下层阶级妇女行列。1960年，仅有30%的美国妇女能获得薪水，而70%的妇女则没有；到1990年，妇女中的获薪劳动力达到60%，仍有40%的妇女没有薪水。到1990年，在世界发达经济体中，有近50%的专业和技术劳动力是女性，其中大多数是全职员工。[原注46]这类劳动力的诞生一方面基于生产需要，另一方面发自个人愿望；若一个家庭想要达到中产阶级的生活标准，现在普遍需要两个成年人的薪水。然而，这些妇女劳动力需要更具弹性的工作时间；不论身处何种阶层，她们大多都扮演着兼职员工及全职母亲两个角色。（见表5）

更多中产阶级妇女进入劳动力市场，促使了全职和兼职工作的弹性时间安排有了更大创新。到目前为止，这些变化已经超越了性别界限，所以男性也享有更多可以灵活安排的工作时间。如今弹性时间有好几种运作方式，最简单的方式就是员工每周全职工作的天数不变，但员工可自行决定一天中哪些时间段会在工厂或办公室。大约有70%的美国公司都采用了这种方式。还有另外一种极端，大约20%的公司允许"压缩"工作时间，比如让一个雇员在四天内完成一整周的工作。目前大约有16%的公司允许员工在家办公，对于服务、销售和技术岗位员工来说尤为常见。这种方式之所以可行，很大程度上得益于企业发达的内部通信网络。在美国，相较于工厂工人或拉美裔工人而言，目前中产阶级的白人员工享有更多弹性工作时间。弹性工作时间是日班工作才有的特权；需要上晚班或夜班的工作仍属于那些偏社会底层的群体。（见表6）

这一事实表明，弹性工作时间看上去似乎能给人们带来更多自由，而在亚当·斯密的针厂中，工人则被常规化工作牢牢捆绑。但是，弹性工作时间其实把工人编入了一种新的控制结构之中。弹性时间并不像日历上规定好的那些工人可以明确预期的假期；和公司为下层员工设定的每周工作总时数也不具可比性。管理分析师洛特·贝林（Lotte Bailyn）认为，弹性时间安排更像是给予受宠员工的一种福利，而不是普遍的工作权利；这是一种严格配给的福利，在公司中苦乐不均。这是美国现在的真实情况，其他国家也在向着美国的方向发展。[原注47]

弹性工作时间既可以说是对员工的一种奖励，但同时也把员工置于企业的密切掌控之中。以弹性工作时间中最灵活的居家办公为例，这种奖励在雇主中引发了极大的焦虑；他们担心对不在场的员工失去控制，怀疑那些居家员工会滥用自由。[原注48]最终结果则是公司又出台一系列新的管控手段，用以规范那些远程办公人员的实际工作进程。员工可能必须定期打电话到办公室，公司也可能通过内部通信网络来监管不在办公室的员工；通常只有主管才能打开电子邮件。实行弹性工作时间的组织一般不会采用德国的"一日的工作"模式，也不会对员工说："这是你的任务，只要你能完成，你想怎么做都可以。"弹性工作时间让员工能决定在哪里工作，但他们对于工作过程本身并没有获得更大的掌控权。目前为止，许多研究表明，公司其实对于那些不在办公室的员工实行更紧密的监督，比针对身在公司的员工更加严格。[原注49]

因此，员工不过是从一种服从权力的形式转化到另一种，即从面对面的臣服转为电子化的臣服；以珍妮特为例，这就是她搬到东部，转入一个更弹性的工作环境之后发现的一点。虽然和亚当·斯密的针厂或福特主义的缺点相比,对于时间的管制似乎已经松绑,但微观的时间管理(the micromanagement of time)其实仍在快步前进。丹尼尔·贝尔提出的时间"度量逻辑"已经从计时器转移到电脑屏幕之上。物理上的工作场所是分散的,但掌控员工的权力却更为直接。居家办公造就了这种新兴制度之下的终极小岛。

因此,正是这些力量迫使人们变革:官僚主义制度的重塑、生产的弹性专业化、散点状的集权化。人们在反抗常规化工作的过程中,也常被新式自由的表象蒙蔽。不论是组织中的时间还是属于个人的时间,都已经从往昔铁笼中解脱出来,却又受到自上而下新型的掌控和监视。弹性时代是属于新权力阶层的时代。弹性带来的是无序,而不是让我们免受束缚的自由。

亚当·斯密给出了启蒙运动中对于弹性的解读版本。在他的想象中,弹性能给人们带来道德以及物质层面上的丰富;他笔下那些具有弹性的个体具备转瞬之间对他人产生同情的能力。而在这个复杂的现代制度中,那些行使权力之人却显现出截然不同的品格结构。他们的确获得了自由,但这是一种无关道德的自由(an amoral freedom)。

最近几年我曾数次参加在瑞士山区度假胜地达沃斯(Davos)举行的世界经济论坛,每次冬季年会都会汇聚商界和政界领导人。你沿着一条穿过阿尔卑斯山的狭窄道路便可以到达这个小镇;一条主要街道贯穿达沃斯,道路两旁是酒店、商店和供滑雪员居住的民宿木屋。托马斯·

曼的《魔山》即以这里为背景，故事发生在一家富丽堂皇的酒店，那里曾是肺结核患者的疗养院。在为期一周的世界经济论坛期间，达沃斯更像是权力之家，而非健康之家。

会议厅前的主街道上，一长排豪华轿车像蛇一般沿街蜿蜒移动。厅内满是警卫、警犬和金属探测器。共有两千多位宾客来到这个小镇，他们每人都需要出示电子安全识别证才能进入大厅。但识别证的作用不只是过滤掉潜在的暴徒而已。证上还有一个电子代码，持证者可以由此在一个精密的计算机系统中收发信息。然后，他们便可在咖啡馆、滑雪场或是环境雅致的晚宴上安排约见甚至达成交易。这些晚宴的座席安排时常会被商业记者扰乱。

达沃斯论坛致力于推动全球的经济热潮。会议中心挤满了曾经的共产主义者，为自由贸易和炫耀性消费而大唱赞歌。大家在这里都说英语，这标志着美国在新资本主义中扮演着主导角色，而且这里大多数人英语说得极其流利。世界经济论坛的运作方式更像是宫廷，而不是会议。这里的君主便是那些大银行或国际公司的领袖，他们个个善于倾听。朝臣们能言会道却行事低调，希望能拿到贷款或推销成功。达沃斯论坛让商界人士（他们大多是男性）所费不赀，而且唯有高层精英才能来到现场。但这种宫廷式的气氛中也弥漫着某种恐惧，即使在这大雪纷飞的凡尔赛宫，人们也极其害怕被"挤出圈外"。

我心怀一种家族式的苦闷，因而数次回到达沃斯论坛观察。我的家人大多是美国左翼组织成员。我的父亲和叔叔曾参加西班牙内战；最初他们对抗的是西班牙的法西斯主义者，但到战争结束之前，他们战场上的敌人也包括西班牙的共产党。美国左翼在战争结束后都普遍有一种幻灭感。我自己这代人只得放弃我们 1968 年曾心醉神迷的希望，当时革命似乎就在眼前；我们中的大多数人都在中间偏左的模糊地带彷徨失措。在那里，高谈阔论反而比实际行动更有价值。

而在瑞士的滑雪场上，你若身着运动服，你便是胜利者。我从过往经历中学到一件事，如果你仅仅把他们视作背信弃义之人，那是很危险的。我这类人善于对既有现实持消极怀疑的态度，而达沃斯的宫廷则充满了活力。它象征着我们时代极具代表性的那些巨大变化：新技术、对僵化的官僚机构的反抗，以及跨国经济。我在达沃斯遇到的人中，仅有寥寥几人是天生就像此时一样富有或显赫。他们都是开基创业的成功人士，这里正是属于这类人的王国。而他们的许多成就都归功于弹性制度的实践。

最能向公众显示达沃斯人特质的，就是无处不在的微软总裁比尔·盖茨。他最近出现时，既是亲自露脸，也有一面巨大的电视屏幕同时投影出有放大版的形象。论坛上其他所有主讲人讲话时也是如此。这位巨头讲话时，大厅里有一些科技从业者小声嘀咕，他们认为微软的产品质量不过尔尔。但对大多数高管而言，盖茨是个英雄式的人物，这不仅是因为他从无到有创立了一家巨头公司，还因为他是弹性制度大资本家的典型代表。比如最近，当盖茨发现自己对互联网的潜力缺乏预见时，他一下子就把公司的庞大业务整个调转方向，重新划分业务重点，追求新的市场机会。

我小时候有一套《小列宁图书馆》(*Little Lenin Library*),书中插画生动地阐述了白手起家的资本家具有何种品格。在一张让人毛骨悚然的图片中,年迈的洛克菲勒被画作一头大象,不幸的工人被压在其巨脚之下,他的象鼻则抓着火车引擎和石油井架。达沃斯的这些人也许无情又贪婪,但对聚集在场的科技巨擘、风险投资家和企业改造家而言,仅凭以上的动物性特征还不足以概括他们的品格特质。

以盖茨为例,他似乎没有特别迷恋或追求的事物,他的产品来势汹汹但又去势匆匆。而洛克菲勒则想要长期拥有石油钻井、大楼、机器或铁路。盖茨对事物没有长期的依恋,他的工作态度也由此可见一斑——他曾说过,要把自己置于一个充满可能性的网络中,而不是把自身锁定在某一特定的职务上。从各方面来看,他都是一个出手无情的竞争者,他的贪婪也有公开记录作为证据;他只将其数十亿美元的极小部分用于慈善或公共利益。但他愿意摧毁自己一手创造的成就来顺应眼前的需求,表明他天生就有灵活变通的性格——若他没有能力给予,他至少有能力放手。

盖茨对事物没有线性时间的执念,这也与弹性的第二个品格特征有关,那就是对于碎片状态(fragmentation)的容忍能力。盖茨在去年的演讲中提出了一项特别的忠告。他在大厅里对我们提出劝告,科技企业的成长是一个混乱的过程,要做许多实验,走很多弯路,还充满各种矛盾。其他美国科技从业者也对来自莱茵河流域的欧洲同仁提出同样观点。而后者似乎仍在旧有的形式主义道路上兜兜转转，想要为他们的公司或国家设计出连贯一致的"技术政策"。美国人则说，在那种井然有序的官僚主义路线上，企业是无法按照既定计划来成长的。

如今让资本家同时追求多种可能性的驱动力，可能只是出于经济上的必要。然而，这种实际情况也要求他们具备一种特殊的性格力量：他们必须有信心在混乱中生存，在脱节时仍蓬勃发展。正如我们之前所见，随着瑞科的成功，他也遭遇了社会位移（displacement）[1]，而这对他的情感造成了不小的负面影响。真正的胜利者不会受到碎片状态的影响。恰恰相反，他们会因为需要同时处理不同战线上的工作而感到振奋；这是不可逆变化带来的能量之一。

有能力放手过去，有信心接受破碎。达沃斯论坛上那些真正能在新资本主义中如鱼得水的人都具有这两种品格特征。这些特质会带来自发性（spontaneity），但在达沃斯这座山上，这种自发性顶多只是一种道德上的中立状态。对那些在弹性制度底层工作的人而言，这些同样产生自发性的品格特质却会引人一步步走向自我毁灭。弹性权力制度的三大要素已经对那些试图按规则行事的普通员工造成了品格的腐蚀，使之面目全非。至少，当我从魔山下来，重返波士顿之后，内心的领悟便是如此。

---

[1] 位移、置换、转移或移置（displacement），这是心理学上的一种现象，即人类把一种情境下是危险的情感或行动转移到另一个较为安全的情境下释放出来。通常是把对强者的情绪、欲望转移到弱者身上。例如：对上级的愤怒和不满情绪，在家中对亲人发泄出来。

四　难辨

在和瑞科谈话一年之后，我回到了波士顿的一家面包店。在我二十五年前研究《阶级中隐藏的伤害》时，曾在这儿采访过一群面包师。我最初是想来询问他们对于美国社会的阶级持何种看法。他们几乎和所有美国人一样，告诉我他们属于中产阶级；从表面上看，社会阶级的概念对他们没有什么意义。欧洲人从托克维尔[1]的时代开始便倾向于把表面价值当成现实；还有一些人推断说，我们美国人其实处于一个无阶级的社会，至少在礼仪和信仰方面是如此——美国推行消费者的民主；波伏娃之类的人则会绝望地认为，我们无法看清彼此之间的真实差异。

二十五年前，我的这些受访者并不盲目；他们推断社会阶级的方式已经足够清晰可辨，虽然他们并未采用欧洲的方式。他们认为，阶级涉及自己对于自我和环境的个人化评估。通过这种方式，人与人之间可以划出清晰界线；

---

[1] 亚历克西·德·托克维尔（Alexis de Tocqueville，1805—1859），法国思想家、政治学家、历史学家，以《论美国的民主》和《旧制度与大革命》等著作闻名于世。

例如，美国快餐店顾客对服务员的态度是冷漠和粗鲁，这若是发生在英国酒馆或法国咖啡馆里，就会被视作极具侮辱性且不可接受的行为。像关心全体人类一样关注劳动阶层，似乎并不值得，因此重要的是能在多大程度上从众人间脱颖而出。美国人崇尚个人主义，恰恰表达了他们这种情况下对地位的追求；人们也希望自己能获得尊重。在美国，阶级往往被当作个人品格的问题。因此，当 80% 的面包师说"我是中产阶级"时，他们并没有在回应自己多么富有或多有权势，他们真正回应的是他们的自我评估如何。而他们给出的答案其实是："我已经挺不错了。"

欧洲人以经济状况作为对社会地位的客观衡量，从而判断阶级，而美国人则更多从肤色和族裔来判断。当我第一次采访波士顿的面包师时，我注意到面包店的店名是意大利名字，他们也做意大利面包，但大多数面包师其实都是希腊人；他们的父亲也都曾为这一家公司工作。对这些希腊裔美国人来说，"黑人"和"穷人"是同义词，而经过他们将客观的社会地位转为个人品格的描述，"穷人"则又成了"堕落"的代名词。我当时采访的面包师都对精英阶层感到愤怒，也就是那些医生、律师、教授和其他占尽好处的白人。因为他们得知，精英们竟然更关心他们眼中那些懒惰又不能自力更生的黑人，而不是他们这些挣扎在中间地带的勤劳苦干又有独立思想的美国人。因此，种族仇恨中也不经意透出几分阶级意识。

这群面包师评估自己在社会阶级中处于相对较低的位置，这是他们希腊裔的身份背景带来的又一影响。他们再三强调面包店的经理都是意大利人这一事实。许多居住在波士顿的意大利人和其他族裔一样贫穷，但在其他族裔的移民社区里，人们普遍认为意大利裔群体主要仰赖黑手党帮助才获得社会地位的提升。这些面包师们也担心自己的社会地位能否向上攀爬，他们生怕自己的孩子会在变得美国化的同时又丢失了希腊的根。他们也很确定，波士顿的盎格鲁-撒克逊白人新教徒看不起像他们这样的美国移民——也许现实情况的确如此。

传统的马克思主义学派的研究方法中，阶级意识是基于劳动过程建立的，具体就是通过工人在工作中建立彼此联系，阶级意识也就由此而生。这家面包店确实让这群面包师自觉团结成一个整体。这个地方在某种程度上更像狄德罗所说的造纸厂，而不是亚当·斯密的针厂。面包烘焙是一种如芭蕾舞一般的运动，需要训练多年才能技艺纯熟。但面包房仍然充满各种干扰；在高温的房间里，酵母的气味与人们的汗水混合在一起；面包师的双手不停地在面粉和水中起起落落；人们靠鼻子和眼睛来判断面包做好没有。他们拥有手艺人那种强烈的自豪感，但也说并不喜欢自己的工作，我相信他们说的是实话。他们经常被烤箱烫伤；原始的面团搅拌器还会拉伤肌肉；而且他们上的是夜班，这意味着一周下来很难和家人打上照面，而他们又都是以家庭为重的人。

但当我看着他们在困境中奋斗，我感觉他们能在如此的艰难劳作中仍旧团结一心，主要是因为他们同为希腊族裔的团结——一名勤劳苦干的工人才是好的希腊人。把"努力工作"等同于"好希腊人"有着具体而非抽象的意义。面包师们必须为了协调店内不同任务而紧密合作。面包师中有一对酒鬼兄弟,两人曾经醉醺醺地去上班,他们马上遭到大伙儿的一致责备。其他人训斥他们把家庭搞得一团乱麻,而且在满是希腊裔的社群中让家族颜面扫地。"不是一个好希腊人"这句话具有极大的羞辱力量,因此也能在工作中树立纪律。

像恩里克一样,意大利面包店的这群希腊裔面包师也有一套官僚化的准则,用以长年累月地组织自身经验。他们的父辈通过当地工会把这份面包店的工作传到他们手中,工会也对工资、福利和养老金有严格规定。当然,面包师的世界如此条理清晰,必然需要一些传奇故事的支撑。面包店的创始人是个一贫如洗的犹太人,他把生意做大做强之后,便转手卖给一家中等规模的上市公司。这间公司雇用的经理又都有着意大利的姓氏。但只要你把老板和黑手党画上等号,整个过程就变得条理分明。那个把面包师的生活组织起来的工会其实是个烂摊子,甚至有些领袖因为腐败问题而面临牢狱之灾,养老基金早被掠夺一空,近乎耗尽。但面包师们仍然对我说,这些腐败的工会领袖很了解他们的需求。

正是通过这些方式,一群工人通过更为个人化的语言来理清周遭状况,一个欧洲人则可能会从阶级角度来进行解读。肤色因素在衡量中所占比重很低,而具体族裔则占了更高比重,能定义何为"我们"。工人们的品格在工作中表露无遗,他们带着崇敬之心工作,与其他同事并肩合作,并追求公平的工作环境,这些都是因为他们属于同一个社群。

我与瑞科聊过之后,又一次回到面包店。这里情况变化之大，让我感到无比惊奇。

这家店现在隶属于一个巨头食品集团，但他们并未采用大规模生产的经营方式。这里按照迈克尔·派尔和查尔斯·赛伯提出的弹性专业化原则来运作，使用的机器更加复杂，而且可更改机器设定。面包师们可能这天制作一千条法棍面包，明天改做一千个贝果面包，这都取决于波士顿当天的市场需求。面包房里不再汗味冲天，而是出奇地凉爽，要知道，以前面包师经常热到要吐出来。现在，在日光灯舒缓的光线下，店里的一切都以奇怪的方式安静下来。

从社会层面来看，这里已不再是一家希腊人主管的店铺。我以前认识的所有师傅都已退休；现在这里的面包师有一些是年轻的意大利人，还有两个越南人和一个年迈无能的白人嬉皮士。其他几个人则看不出明显的种族身份。而且，这家店现在不再只有男面包师，其中有个意大利人是个刚成年的女孩，另一个女人已是两个成年孩子的妈妈。一天之中，工人来来去去；面包店就像一张错综复杂的网，大家的日程表在其中交错。所有女面包师，甚至还有几位男面包师都是做兼职，过去的夜班模式已变成了更灵活的劳动时间表。面包师工会的权力在店里已经式微，因此年轻人不再受到工会合约的保护，他们的工作是临时性的，因而时间表也更加弹性。而商店领班是一个黑人，联想到以前店里面包师们普遍持有的偏见，这更让人感到震惊。

站在过去的角度来看，这种种变化应该让人百思莫解。这里成了不同族裔、性别和肤色的大杂烩，若仍用旧日的阅读方法，肯定会在上下文中迷失。但是，一种美国人的特有倾向仍然普遍存在，即把阶级转化为更个人化的地位术语。让我感觉真正新奇的是，我在面包店里看到了一个可怕的悖论——这里既有高科技辅助，又实行弹性工作，一切对于工人来说都很容易操作，但工人们却感到这样的工作方式有失身份。这里是面包师的天堂，就连工人自己都无法理解为何会对工作有这种反应。这一切在操作方面如此清晰；但在情感方面，却如此难以辨认。

面包店里那种芭蕾舞式的身体活动已经发生深刻变革，演化为计算机化的烘焙方式。现在，面包师已经不再和原料或面包有任何直接接触，他们通过屏幕上的图标来监控整个制作过程。比如说，那些图标对应面包的颜色，这些图案由烤箱温度和烘烤时间的数据来生成；很少有面包师能亲眼看到自己制作的面包。他们的工作屏幕看上去很眼熟，由类似 Windows 的界面组成；光是一个屏幕上的面包图案，数量都比过去准备的不同种类面包要多——不论是俄式面包、意式面包还是法式面包，都只需要触摸屏幕就可看到。面包已经只是屏幕显示出的图案而已。

这种工作方式导致现在面包师其实已经不知道怎么烘焙面包。自动化制作的面包并不是完美的科技奇迹；机器常常对其中面包的发酵情况作出错误判断，比如不能准确地估算酵母发酵的强度或面包的实际颜色。工人们可以摆弄屏幕来纠正这些缺陷；但修理机器则在他们能力范围之外，而更关键的是机器经常出现故障，他们也不知道如何纯靠双手来做烘焙。对这些依赖电脑程序的师傅们来说，他们的实战知识可能是一片空白。如果要问他们究竟是否理解手头的工作，其实他们会觉得工作内容非常模糊。

面包店采用弹性的时间表，让这种工作方式变得更加困难。当满满一箱烤坏的面包出炉时，工人们往往到了下班回家的时间。我并不是说他们不负责任；恰恰相反，他们总还有其他场子要赶，比如要照顾孩子，或是要准时赶去做另一份工作。当电脑失误地做出一批烤坏的面包，更简单的处理方式是把这一批次品扔掉，重新设定电脑程序，然后从头再做一次。以前我连浪费的面包屑都很少在店里看到；而现在，面包店有个巨大的塑料垃圾桶，每天都能看到里面装满了成堆的烤焦面包。这些垃圾桶仿佛正象征着烘焙艺术的凄凉结局。这种人类工艺近乎失传，不过也没必要对此过于浪漫化；作为一个热情满满的业余厨师，我发现这个生产过程中做出的面包只要没被烤坏，就是优等品。既然面包店很受欢迎且能够有盈利，显然有许多波士顿人也这么认为。

根据老派的马克思主义的阶级观念，工人们自身应该会因为丧失这种技能而彼此疏离；这种令人昏昏入睡的工作场合应该会让他们感到愤怒才对。然而，我在面包店里只找到一个人符合上述描述，就是那位黑人店长。他的职位处于管理阶层的最基层。

我在下文暂且称这位店长为罗德尼·埃弗茨（Rodney Everts）。他是牙买加人，十岁时来到波士顿。他按照旧日的工作方式一步步往上攀升，从学徒做到主面包师，再到店长。这条工作轨迹映射着他二十年的奋斗历程。因为种族平等的法规，他被升入过去的管理层；那些老希腊人一直对他冷心冷面，而他一直忍气吞声，纯粹凭借个人毅力和出色工作表现一路晋升。他身上仍留着往日奋斗的痕迹；他体重严重超标，因为他焦虑时会暴饮暴食；我们最初的谈话围绕着酵母培养和节食问题展开。罗德尼·埃弗茨乐于看到管理班子的变动，他会因此而长舒一口气，因为新的全国性公司不那么种族歧视，而且他也喜欢面包店用上新兴科技，这让他心脏病发作的风险大大降低。他最乐于见到希腊人退休，店里新雇用的工人都说着不同语言。事实上，他负责遴选店里的大部分员工。但当员工漫不经心地工作时，他也会大为光火，虽然他知道，凝聚力不足、不懂技能并不是员工的错。他挑来的大部分员工顶多在面包店干两年；那些年轻又不隶属于工会的员工则更容易流失。他也对公司更喜欢聘用非工会员工而怒容满面；埃弗茨相信，如果员工能获得更丰厚的薪水，他们就会待得更久。公司把弹性时间表作为低薪的诱饵，他也对此火冒三丈。他希望手下所有员工能尽量同一时间聚在店里，齐心协力地处理问题。垃圾桶总是装得满满当当，这也让他感到不悦。

罗德尼·埃弗茨告诉我，他认为如果这些员工自己做过面包店的老板，许多问题就都能迎刃而解。我之后的回答让他觉得很暖心。我指出，面对员工不懂烘焙的情况，他并没有消极对待；他自发举办了几次关于烘焙手艺的研讨会，但只有那两个越南人参加，而且他们几乎听不懂他说英语。但最让我印象深刻的是，他能够拉开距离，纵览全局。"在我做学徒的那些日子里，总是怀着黑人的那种盲目愤怒，你应该懂吧。"他总是虔诚地阅读《圣经》，讲起话来总有一种钦定本《圣经》的腔调："现在我看清楚了这个地方。"他所清楚看到的本质，就是人道主义的马克思所说的异化（alienation）。这是一种并不愉快的分裂感，却能揭示出事物的本质和人类个体所处的位置。

但这位店长正处在一个孤独的位置上。他的下属并没有用这样清晰的方式看待自己。他们对面包店的日常生活并没有"异化"之感，而主要是以"冷漠"。比如，现在为了找到工作，店里的员工都必须证明自己懂得如何操作电脑。然而这些知识在他们之后的工作中并不会经常用到。他们只需在别人设计的 Windows 程序中敲击按钮。"烘焙、制鞋、印刷，你说什么技能，我就有什么技能。"一位当值的女店员笑着说，当时我们正盯着垃圾桶。面包师们知道自己正在执行简单的无意识任务，实际做的事情远远用不上他们所掌握的技能，他们对此有鲜明认识。其中一个意大利人对我说："我到家里真的会做烘焙，我是一个面包师。但在这里我只是按下按钮罢了。"我问他为什么没有参加埃弗茨的烘焙研讨会，他回答说："烘焙并不重要，我总不会这辈子都做这个啊。"人们反复使用不同的措辞表达着同样的意思，那就是我不是一个真正的面包师。这里有些人对工作没有什么身份认同感。如果说比尔·盖茨并不迷恋特定的产品，那么这些新生代则是对具体的工作方式满不在乎。

然而，缺乏归属感也会让人迷惑。这一群多语种的弹性劳动力并不清楚自己在社会中处于何种地位。和之前在这里工作的希腊裔团队相比，他们并不以肤色和族裔作为衡量的标尺。他们认可黑人罗德尼·埃弗茨合法的店长地位，他有权威是因为自己真有两把刷子。面包店里的女员工们说起"女性主义者"这个词时，语气都有点酸溜溜的。

我也向他们抛出我在二十五年前就提过的那个问题："你属于哪个阶级？"我得到的答案和当年如出一辙："中产阶级。"但现在，旧日组织里的那些潜台词早已消失。（我做出的这个总结必须把越南人排除在外，我只能用法语和他们交谈；而他们的社群关系也很紧密，和以前在这里工作的希腊人高度相似。）

美国人倾向于把物质环境和个人品格问题挂钩，这是一种典型的美国式倾向。在此前提下，对特定的工作任务缺少情感归属，对社会地位充满困惑，这些可能都可以容忍。但现实并没有这样发展，工作经验仍是非常个人化的经验。这些人都受到一种强烈动力的驱使，把工作视为对自己个人价值的反映。早在二十五年前，我曾问过那些希腊面包师："你们希望因什么原因受到尊重？"他们的答案很简单：做个好父亲，其次是做个好员工。当我再次回到这里，我又问了面包店里的二十多个员工这个问题，性别和年龄使家庭方面的答案变得复杂，但和从前一样，成为一个好员工仍旧很重要。但在现今的弹性制度下，成为一名好员工所需的个人素质似乎更难界定。

面包房使用的技术与工作身份的薄弱认同感有关，但其中联系与我们所想的不尽相同。这些工作场合的机器并非处在员工的对立面，用意本是为了方便员工；它们的视觉图标非常清晰明了，视窗排列整齐，和家庭电脑的屏幕类似。有位越南店员几乎不会说英语，对于法棍面包和贝果面包之间的区别也并不真正了解，但仍然可以操作这些机器。之所以配置这些操作简单的搅拌机、揉面机和烤箱，背后有个经济学基本原理，这样一来，公司便可以用低于往日的工资水平雇用员工。在过去，拥有技能的是员工而非机器，虽然现在所有员工其实都持有更高等级的正规技术资格证书。

我逐渐意识到，面包店技术设备的易于操作，可能正是员工对于自身面包师身份感到困惑的缘由。在各种工作形式中，不论是雕刻家还是餐厅服务员，能给人们带来认同感的是那些具有挑战性的任务，也就是有困难指数的任务。但在这个弹性的工作场合，各个族裔的员工毫无规律地进进出出，每天接到的订单都截然不同，机器成为唯一真实的秩序标准。因此，机器必须对任何人来说都能轻松操作才行，换谁上阵都可以。在弹性制度中，工作上的困难只会阻碍生产。其中的可怕悖论是，当我们试图减少机器操作的困难和阻力时，我们创造的条件也会导致店员使用起来不加思索，觉得事不关己。

说到这点，很幸运的是，一台揉面机发生故障时我恰好在店里。揉面机虽然操作起来很简单，但机器设计却很复杂；用工业设计师的话来说，它的计算机操作系统晦涩难懂，绝非一目了然。所谓"操作简便"，仅仅意味着一种相当片面的简便而已。那天面包店停摆了，店员打了一个电话，我们坐等两个小时，才等到设计这台机器的公司派出的救星。

从电源插头被拔掉的那个瞬间开始，苦等的店员们个个愁容满面，坐立不安。以前也发生过这种情况，但店里没人能进入晦涩难懂的系统中去了解情况，更不可能解决问题。面包师们并非对于需要完成工作这个基本事实无动于衷。他们也希望能帮上忙，想让事情运转起来，但他们无能为力。凯瑟琳·纽曼（Katherine Newman）在一项针对麦当劳餐厅服务员的研究中发现，面临这类机械故障时，那些被认为毫无技能的员工会突然振奋精神，发挥所有即兴技巧来维持正常工作。[原注 50] 面包师们也有冲动去应对困难，但却因为技术问题而手足无措。

当然，怪罪机器是很荒唐的。机器被设计并制造出来，就是为了让它们以特定方式工作；浪费的面包和机器故障都在公司的容忍范围之内，这些被认为本来就是做生意的一部分成本。在更高层次的技术性工作中，电脑的出现让许多工作的内容变得更为丰富。比如，斯坦利·阿罗诺维茨（Stanley Aronowitz）和威廉·迪法齐奥（William DiFazio）的研究中就能看出技术更为积极的一面。他们研究 auto-CAD（自动计算机辅助设计）对一群纽约市的土木工程师和建筑师有何种影响。对于那些以前手动制图的人来说，能在屏幕上灵活操作图像的前景让他们倍感兴奋。一位建筑师表示："起初我以为电脑只是绘图机器罢了……但我现在真的对此非常雀跃，就好像我可以操纵和拆解任何图纸一样。我可以把图纸拉伸、移动、取下一块。"[原注 51] 这样使用机器，当然可以刺激高层次用户去思考。

然而，若认为机器和弹性制度带来的疏离和困惑毫无关联，那也同样是错误的。因为当代资本主义的新工具远比过去的机器装置更为聪明灵巧，它自身的智能就可以取代使用者的脑力，从而将斯密笔下那种无意识劳动的噩梦推向新的极端。例如，当麻省理工学院的建筑课程首次引入 CAD 时，一位建筑师就表示反对，他认为，当你画出一个场地，你画上等高线和树木，这个画面就会深深印刻在你脑海之中。你会逐渐了解这个地点，而这在电脑上操作时是不可能实现的……你想要了解地形，就得反复绘制，不断回溯，而不是让计算机为你"重新生成"它。[原注52]

物理学家维克多·韦斯科普夫（Victor Weisskopf）也曾对那些只在电脑上做实验的学生说过同样的话："当你给我看那个实验结果，这只是说明电脑明白了答案，但我不认为你已经理解了答案。"[原注53]

如果使用机器的时候只是纯粹操作，而没有自我批判性思维，我们的智性必然会变得迟钝，任何思考行为都是如此。技术分析专家雪莉·特克尔（Sherry Turkle）回忆说，她曾采访过一个智商很高的小女孩，问她怎样才能把《模拟城市》玩得更好，这是一款为儿童设计的电脑城市规划游戏；其中一条最为屡试不爽的规则是"提高税收总会导致暴乱"。[原注54] 这个孩子没问为什么提高税收总会导致暴乱；她只知道，掌握这个规则就能轻松把游戏玩好。在 auto-CAD 中，你可以在机器上绘出物体的一小块，然后几乎马上就能看到物体全貌；如果你想知道一个场景放大、缩小、翻转或从背面看会是什么样子，只需要轻敲键盘就可以实现。但电脑不会告诉你这个图案设计是好是坏。

我在波士顿这些面包师身上发现的疏离和困惑，是弹性工作场所中电脑的这些特殊属性带来的反应。这些男女面包师肯定早就知道，阻力和困难能带来智力刺激。他们也很清楚，当我们努力想要了解某件事，最后总能了如指掌。但这些众所周知的道理在现实中却无处栖身。在面包店日常的生产过程中，困难和弹性是势不两立的。在机器发生故障时，面包师突然发现自己无法处理手头的工作了——这又让他们回弹到工作的自我意识之中。当面包店的女店员说"烘焙、制鞋、印刷，你说什么技能，我就有什么技能"，她对机器的感受是轻松又友好的。但是，她也对我重复过多次，她其实算不上面包师。她的这两种说法紧密相关。她对工作只有肤浅的理解，她对作为店员的身份认同也很薄弱。

过去的社会按照阶级对人群进行划分，相比之下，现代社会的身份（identity）普遍更具流动性。"流动"的意思可能是"适应性强"。但若换一种联想的思路，"流动"也意味着"轻松"；若要流动起来，则必然没有障碍。当我们的工作被安排得易于上手，就像我之前描述的那样，我们就会变得软弱无能；我们的工作参与变得浮于表面，因为对手头正在做的工作不过一知半解。

这正是亚当·斯密所担忧的困境吗？我认为不是。对针厂工人来说，所有工作内容都一览无余；对面包店的师傅来说，他们不了解的工作环节还很多。他们的工作是如此清晰明确，却又如此隐晦难懂。弹性制度将表面工作和深层工作区分开来；在这一制度中较为弱势的群体被迫停留在表面。

希腊裔的老面包师们在工作时感觉很耗体力——没有人想要重返那个时代。由于他们的族裔联系，工作对他们来说绝不可能停留在表面功夫。但在现代社会的波士顿，这些社群间荣辱与共的纽带也许已和那代人一起永远消失了。现在我们需要关注的是，取而代之的弹性、流动已经和表面工作合为一体。全球商品广告全都在宣扬表面的光鲜，推崇简单化的讯息。这些都易于消费者使用，我们对这些也都再熟悉不过了。但是，表面和深层之间如此分化，恰恰是弹性生产过程的特征。人们用起来很简便，却无法破解其中的深层逻辑。

我们在试图深入了解周围世界和自身时，同样也会受到肤浅表面的迷惑。无阶级社会的表象，大家说话、穿着和看待事物的普遍方式，也都可能掩盖彼此之间更深层的差异；从表面现象来看，似乎人人平起平坐，但我们可能欠缺打破这层表象的密码。如果我们对自身的了解来得简单又迅速，那可能说明我们对自身不过略知一二而已。

工作中不透明的晦涩表面和达沃斯的昂扬热情形成了鲜明对比。在弹性制度中，上述困难在某个特定行为中得到了具体的表现，即下文将提到的冒险行为。

五　冒险

在鳟鱼酒吧停业之前，那里一直是我在纽约最喜欢的休闲场所之一。鳟鱼酒吧位于苏荷区[1]的一栋旧工厂建筑里，并不太有吸引力；你会进入一个半地下室的空间，当你往窗外望去，视野便满是普通人形形色色又无法辨认的鞋子和脚踝。鳟鱼酒吧是属于罗丝的王国。

罗丝高中刚毕业就和一个中年男人结了婚。他是毛毡制造商人，经济条件优裕。在那个年代，男人都流行戴帽子。她很快就生了两个孩子，这是三十年前人们的惯常行为。而那个毛毡制造商很快撒手人寰，她把他的产业转卖出去，用这笔收入买下了鳟鱼酒吧。大家都知道，若想在纽约把酒吧生意做起来，你要么变得炙手可热，要么就是不温不火；前者意味着你要去吸引模特、百无聊赖的有钱人、媒体红人之类的流量涌入，这些人在纽约被视为"时尚"

---

[1] 纽约苏荷区（SOHO）是"SOUTHOFHOUSTON"的缩写，指的是处于美国纽约下城的一个商业街区，是纽约旅游购物的好去处。那里有各种品牌商店、昂贵的香水店、家具店、古董店、画廊、旧货店、新旧书店、餐厅和咖啡馆，随处可见别具匠心的设计创意。

的代言人，后者则只需吸引一批稳定的本地顾客。罗丝选择了第二条更为稳妥的路线，鳟鱼酒吧也总是座无虚席。

鳟鱼酒吧的食物只适合那些不讲究口味的顾客。厨师埃内斯托和马诺洛对于烹调过程中的温度作用毫无概念，因此一个端上桌的三分熟芝士汉堡往往干燥得如同皮革，需要锋利的餐刀才能切开。但埃内斯托和马诺洛是罗丝口中的"小伙子"，她和他们开玩笑，也对他们大呼小叫，他们也会用西班牙语粗鲁地回应她。但在外面的前台，社交生活则是一派全然不同的景象；人们来到这家酒吧就是为了独处。我想每座大城市都会有这样的绿洲吧。在30来年的时间中，我总是遇见同一批常客，我和他们不知道聊过多少次天，但从未真正和他们成为朋友。

罗丝其实是个性格稳重又干脆利落的纽约人，但她的外貌和说话方式都像是纽约的波希米亚人会钟意的那类"人物"。她戴着一副会放大眼睛的巨型方框眼镜，这似乎只凸显了她的嗓音——她说话总带着鼻音，像小号一样总发出尖锐评论。她的真实个性隐匿在这样的表象之下。如果我跟她说，她其实是个敏感又聪明的人，她一定会嗤之以鼻。而她的问题是，她感觉自己只是在为附近的失业演员、疲倦的作家和强壮的商人端茶送水，这没法干出一番真正的事业。她正处于必经的中年危机阶段。

她把鳟鱼酒吧打造成了一方舒适的领土，且能带来利润。但就在几年前，她决定脱离这方天地。她在这个时刻做出改变是自然而然的：她的一个女儿已经结婚，另一个女儿也终于大学毕业。以前曾有一家广告公司的研究人员时不时地来找罗丝征询信息，这家公司专攻饮料业务，在光鲜的杂志上推销酒类。后来他们告诉她，由于苏格兰威士忌和波旁威士忌的市场份额持续下降，公司需要雇人来重振烈酒的销售量，因此有一个合同为期两年的岗位开放。罗丝当机立断应聘了这个岗位，并被录用。

纽约是全球广告业的大本营，纽约客走在路上便能一眼认出哪些人从事形象行业。媒体人的装扮和古板保守的公务员截然不同，他们和优秀艺术家的形象更为接近：黑色绸质衬衫，黑色西装——浑身上下都是价值不菲的黑色行头。这个行业的男男女女都会在午餐或饮酒时碰头，参加画廊聚会、俱乐部舞会，他们在这样的社交网络中左右逢源。一位纽约市的公关公司员工曾告诉我，纽约的媒体界真正举足轻重的只有五百人，因为他们一天到晚外出活动，抛头露面；其他成千上万在办公室辛苦工作的人则像是住在西伯利亚一般。精英网络通过"小道消息"来运转，让谣言如同高电压电流一般在城市中日夜流传。

对罗丝来说，这似乎不是能助她展翅高飞的良好环境。但另一方面来说，她可能已经到了这样一个时间节点，如果不去尝试一些新的事物，那么生活就会变得像一件磨旧了的西装，只会越来越残破不堪。罗丝抓住这个机会的同时，也体现出她运营小型企业的智慧；她并没有卖掉"鳟鱼"，而只是把店面出租，万一尝试失败还有转圜余地。

所有熟客都感觉到罗丝的离开为鳟鱼酒吧带来了微妙却深刻的衰退。新来的经理不遗余力地待人友善，她在窗台上种满植物；她推出配着萨尔萨酱的墨西哥小食和其他健康零食，取代了老顾客一直喜欢的油腻花生米。她既有种置身事外的冷漠又有洁癖，我认为这也许和加州文化有关。

不过，罗丝才过了一年就回来了。窗外行人一览无余的脚跟马上就取代了室内的植物盆景，油腻的坚果也重回餐桌。那个来自加州的女经理又坚持了一个星期便不知去向。我们当然大大松了一口气，但我们也好奇罗丝为什么回来。她最开始只是解释说"你在公司里真的赚不到多少钱"。对光临店里的那些失业演员来说，这是个非常合乎逻辑的回答。但罗丝在我面前却一反常态地含糊其辞。最开始的几个星期里，她偶尔会蹦出一两句尖刻评论，比如"那些装腔作势的上城小鬼头"。最后，她忽然没头没尾地说了一句："是我胆怯了。"

罗丝之所以提前回来，我想最简单的原因就是文化冲击（cultural shock）。在她经营小型企业时，她每天都能明确计算出成败利亏，与之形成鲜明对比的是，广告公司的运作方式很神秘——不过这个行业的谜题关乎人的成功和失败，而非机器的运作。有一天我回到鳟鱼酒吧，她对我说了一件"怪事"，关于那些在形象行业做出名堂的人。广告业的每个从业者都动力十足，但那些成功人士却不一定是最有野心的那一批。真正成功的那些人似乎都很善于远离烂摊子，甩给别人来背锅；成功在于避开会计师的计算底线。"诀窍就是，不要引事上身。"但我们可以肯定的是，每家企业都会有算账的底线。但让罗丝大吃一惊的是，即使到了算总账的时候，雇主也并不那么在乎一个人记录在案的失误，反而更看重人脉关系和社交本领。

她也遇到了这种漠视实际业绩的做法。虽然她签下了为期两年的正式合同，但"他们明确表示，可以随时付我离职赔偿金，让我走人"。由于她只是把酒吧租了出去，这话对她而言并不是什么致命威胁。她的不安源自一种更微妙的感受，她觉得自己一直在受审，但却从来不知道自己的确切位置。除了掌握小道消息，以及运用技巧"不要引事上身"，并没有任何客观标准来评判一个人是否做好了工作。这让罗丝非常不安，因为她正在进行一项个人实验。她进入这个领域不是为了大赚一笔，而只是为了在有生之年做点更有意思的事情。然而，她在一年的尝试之后却告诉我："我感觉自己没什么进步，我是真的毫无头绪。"

在这种流动状态之下，人们倾向于关注每天日常生活中的细枝末节，想从细节中找到一些意义的预兆——就像古代祭司会仔细观察被宰动物的内脏。老板今天早上是怎么打招呼的，谁被邀请去柠檬伏特加的发布会上喝一杯，谁又受邀去参加之后的晚宴——这些事情都是征兆，告诉我们办公室里究竟发生了什么。罗丝在现实中可以应付得了这些琐碎的日常焦虑；她是我认识的人中最沉稳的人之一。但当她置身形象行业这片光鲜大海之中，她感觉自己没有船锚，因而内心疲惫不堪。

此外，她还在广告公司了解到一个苦涩的事实。她以过去的经验为筹码，赌上一把来体验不一样的生活，却发现她这样的中年人在这里被当成枯株朽木。在别人眼里，他们过去积累的人生经验可谓百无一用。大家在办公室时，注意力都集中在眼前那一刻，聚焦于即将发生的事情，或是如何抢占先机；在形象行业，如果有人开始说"我学到了这样一课……"，听众只会无聊到眼神呆滞。

对于罗丝这样的中年人来说，冒险去做一些新的尝试是需要勇气的。但她对于自身处境的茫然，加上对人生经验的否定，这两个因素让她逐渐勇气尽失。"改变""机会""新鲜"——当她决定回归鳟鱼酒吧，所有这些词语都变成了空话。虽然她具有非同寻常的冒险意愿，虽然媒体业务具有非同寻常的流动性和表面性，但她的失败说明，人们对于在弹性世界中找准自身定位普遍感到困惑。

各种不同的情况下的"冒险"，都可能是对性格的高度考验。在19世纪的小说中有司汤达笔下的于连[1]或巴尔扎克笔下的伏脱冷[2]这样的人物，他们冒着巨大风险才让自己的心理发展成熟，愿意孤注一掷地押上所有赌注，最后几乎成为英雄式人物。经济学家熊彼特曾提到过企业家实践的"创造性破坏"。他写作时应该和这些小说家怀有精神共鸣：杰出人物经历了长期在悬崖边缘的冒险才百炼成钢。达沃斯论坛上的宾客能够放下过去，且安居在混乱之中，这些品质也呼应着冒险的生活方式。

然而，愿意冒险已不再是风险资本家或那些极具冒险精神之人的专利。冒险精神将成为普罗大众日日肩负的必需品。社会学家乌尔里希·贝克（Ulrich Beck）曾宣称，

---

[1] 于连是法国著名作家司汤达的代表作《红与黑》中的男主角，靠着自己的聪明才智和坚韧不拔的毅力，为了实现自己的巨大野心，孤身一人在等级森严的社会里辛苦地奋斗着，其间不乏种种不光彩的手段。正当他自以为踏上了飞黄腾达的坦途和得到了超越阶级的爱情之时，社会却无情地把他送上了断头台。

[2] 伏脱冷是巴尔扎克作品中重要的资产阶级野心家形象。在《高老头》中，他是潜逃的苦役犯，高等窃财集团办事班的心腹和参谋，经营着大宗赃物，是一个尚未得势的凶狠的掠夺者形象。

在"先进的现代社会中，社会生产的财富和社会生产的风险将会系统地相伴而来。"[原注55]《渔网式组织》(*Upsizing the Individual in the Downsized Corporation*)一书的作者用更通俗易懂的方式把工作比喻为一棵生长中的植物，不断被移植换盆，员工则是园丁。弹性组织的不稳定性迫使员工需要"重新换盆"，也就不得不为手头的工作承担风险。许多企业方针都是类似的手册，把这种冒险的必要性视为美德。其中蕴藏着这样的理论，你可以在冒险中恢复精力，不断地给自己充电。[原注56]这种"重新换盆"的比喻令人欣慰，它让冒险的英雄主义变成了家庭生活中的画面。冒险不再像是于连那种命悬一线的戏剧性赌博，而变成了习以为常的普通事件。

"风险"(risk)一词本身源自文艺复兴时期的意大利语词汇"risicare"，意为"敢于"。这个词根确实暗示着一种气粗胆壮又自信满满的态度，但又不止于此。投机和冒险的游戏似乎一直都被看成对神明的挑衅，直到近代才有所改观。现代用词"挑逗命运"(tempting fate)出自希腊悲剧，因为凡夫俗女狂妄骄傲，过于大胆，甚至妄断未来之事，命运之神阿忒[1]便予以惩罚。罗马女神福尔图娜[2]掌管机遇，人们认为她冥冥之中决定了每一次掷骰子的结果。在这个诸神或上帝统治的宇宙中，若浑身是胆

---

[1] 阿忒（Atē）是希腊神话中的一位古老的女神，邪恶和谬误的化身。她是天父宙斯和女神厄里斯的女儿，能使人和神在短时间内精神错乱、失去理智而把事情办坏。第111颗被人类发现的小行星苟神星（Ate）以她的名字命名。
[2] 福尔图娜（Fortūna）是罗马神话中的幸运女神，是运气的化身，其形象通常为手持车轮的女子。一般认为是众神之王朱庇特的女儿。

尚有发挥空间，但拼运气博几率的余地却并不大。

斐波那契[1]的著作《计算之书》（*Liber Abaci*）是一本关于风险的名著，具有里程碑的意义。他在书中主张事件具有纯粹的随机性，而人类有能力把控风险。斐波那契这本书问世于 1202 年，他借鉴了阿拉伯数学家用 1、2 或 804738 这样的数字来书写的方式，这样更便于做运算，而通过古老的罗马数字 I、II 或 MCIV 则并不方便。书中最为人所知的部分是斐波那契的"兔子"，他试图预测一对兔子夫妇一年会生下多少只小兔。以这种计算为起点，一整套预测结果的数学科学从中诞生。文艺复兴时期的意大利数学家帕西奥利（Luca Pacioli）和卡尔达诺（Girolamo Cardano），以及法国的帕斯卡（Blaise Pascal）和费马（Pierre de Fermat），都接棒发扬计算风险的新科学。而雅各布·伯努利（Jakob I. Bernoulli）及其侄子丹尼尔·伯努利（Daniel Bernoulli）在启蒙运动初期的成功，其实正是许多现代电脑使用的计算策略的来源。

后来，18 世纪中期的人们开始尝试在口头讨论中来了解风险；例如，伦敦的劳埃德保险公司起初是家咖啡馆，陌生人在那里谈天说地，交换关于航运和其他风险投资的信息，其中有些人根据这些所见耳闻做出投资决定。[原注 57] 斐波那契发起这场革命，最终以非人为的计算取代了讨论。正因为有这种预测，现代金融机制中的附属利益（side bets）、衍生性金融商品（derivatives）和对冲（hedges）

---

[1] 斐波那契（Leonardo Fibonacci，1175—1250），意大利数学家，西方第一个研究斐波那契数的人，并将现代书写数和位值表示法系统引入欧洲。

才成为可能。

然而,对于挑逗命运的恐惧一直笼罩着风险管理。雅各布·伯努利在1710年曾经发问:"对于赌博所依赖的人类思维本质或奇妙身体结构,谁敢强不知以为知?谁又敢说自己能预测这个或那个玩家的输赢?"[原注58]纯粹的数学计算并不能从心理层面取代风险分析;凯恩斯在他的《概率通论》(*A Treatise on Probability*)中宣称:"如果不依靠任何直觉或直接判断,我们几乎不可能找到一种识别特定概率的方法。"[原注59]正如心理学家阿摩司·特沃斯基(Amos Nathan Tversky)所说,人们在情感方面关注的是损失。

特沃斯基在实验室做过大量实验,最后得出结论,在日常生活中,当人们在事业、婚姻或赌场承担风险时,他们更关心损失而非收益,"人们对负面刺激比对正面刺激要敏感得多……让你感觉舒畅的事情也许屈指可数,但让你感觉更糟糕的事情却数不胜数"。[原注60]特沃斯基与其搭档丹尼尔·卡尼曼(Daniel Kahneman)试图想要找到一种可称之为"恐惧的数学"的规律,他们的研究以回归现象(regression)为基础,即任何一次掷骰子赢下赌局都不会导致下一次的成功,而是回归到一个不确定的平均值;下一次掷骰子的结果可好可坏。[原注61]决定当下这一刻的是变幻无常的概率,而非上帝。

正是基于以上原因,冒险并不是对当下的各种可能性进行一清二楚的计算。数学在计算风险时不能提供任何保证,而冒险的心理学则很合理地聚焦于可能失去的事物。

罗丝生活中的赌局也是如此历程。"前几周我很兴奋;

我不需要看到马诺洛,甚至,亲爱的理查德,我也不需要看到你。我成了公司主管。然后我当然也开始想念你们,只是有一点想而已。当然,我也讨厌那个金发碧眼的阳光兔子妹把我的酒吧变成那副样子。"罗丝说到这里停顿了一下,"但真正让我心里难受的……其实说不上什么具体的。"当然,我这样对她说,我们这个年龄的所有人都肯定会感到忐忑不安;那个地方听起来很混乱,很不理性。"不,甚至也不是因为这个。我纯粹只是因为自己在尝试新的事情而感到沮丧。"特沃斯基和卡尼曼的研究表明,我们在谈论风险时使用的措辞是"处于风险之中"。处于风险中本就更让人沮丧,而非让人怀有希望。而当商业手册的作者们赞美弹性企业的日常冒险时,还有意无意地提议让人们持续沉浸在脆弱状态之中。我们可以确定,从罗丝的情况来看,她并没有患上抑郁症;她看上去是在精力充沛地完成工作。但是,她也感受到心头持续压着隐隐担忧。而广告业中,成功和失败之间的差异极其模糊,这让她更为惴惴不安。

所有风险都会朝向平均值回归。每一次摇骰子带来的影响都是随机的。换句话说,冒险在数学上缺乏叙事特质。叙事性意味着一个事件会导致并影响下一个事件。当然,人们也可能会否认有回归这回事。赌徒就是这样做的,他们只会说自己运气绝佳、连续获胜、手气爆棚;他们说得好像骰子的每一次滚动在某种程度上都是相关联的,而他们的冒险行为也就因此被赋予了叙事特质。

但这是一个危险的故事。用彼得·伯恩斯坦(Peter

Bernstein）发人深省的话来说："我们对于概率较低但戏剧性偏高的事件过度关注，那些以常规方式发生的事件往往被人忽略……结果，我们忘记了向平均值回归的规律，在同一个位置上停留太久，最终陷入困境。"[原注62]陀思妥耶夫斯基的《赌徒》说明，当人们了解运气的虚构特性之后，便不会那么渴望以戏剧性的方式来叙述冒险。这也会是伯恩斯坦、特沃斯基和卡尼曼想举的例子。在小说中，赌徒非常希望事情圆满顺利，但又知道事情不会尽如所愿，我们在生活中也是如此。

我曾经问过瑞科一个关于生活叙事的问题，我也曾以更具针对性的方式问过罗丝，会以怎样的故事，来描绘那一年在上城区的生活？"故事？"在这一年里，事情都是怎样发生变化的？"嗯，从这个角度来说，一切毫无改变；我总是会回到原点。"但这肯定不是事实；他们辞退了四个新人，却让你留了下来。"是的，我撑过来了。"所以他们肯定更欣赏你做的工作。"你得知道，那些绅士的记忆很短暂。就像我说的，你总会回到原点，从头再来，你每天都必须证明自己。"因此，持续暴露在风险之中会侵蚀你的品格意识。没有任何叙述可以抵挡向平均值的回归，你总会要"从头再来"。

然而，这个故事的核心若置于不同的社会环境中，可能又会呈现出不同色彩。罗丝暴露在风险面前的故事，在社会学层面上而言在于制度如何允许个人努力改变生活。现代制度本身并不僵化，也缺乏明确界定，我们已经看到一些背后的原因——现代制度通过抨击常规、强调短期活动、创造形式多变又高度复杂的网络，已经形成了变化莫测的属性，并以此来替代军事风格的官僚机构。而罗丝的冒险故事正是发生在这样一个想要解开时间与空间限制的社会。

"风险"涉及从某个位置移动到另一处的问题。社会学家罗纳德·伯特（Ronald Burt）曾经对现代社会中的迁移现象展开重要分析。他在一本题为《结构性漏洞》（*Structural Holes*）的著作中提出了在松散组织中转换位置的特殊性的话题；网络中人与人之间的鸿沟、迂回路径或中间人越多，个体的移动就愈发容易。网络中的不确定性也带来更多移动机会；你可以在别人未能预见机会时趁机而行，也可以在中心权威控制力变得薄弱时相机而动。一个组织中的"漏洞"蕴藏机会，传统的金字塔式官僚制度则明确界定了晋升空间，无机可寻。

当然，冒险者并不只需要纯粹的混乱。社会学家詹姆斯·科尔曼（James Coleman）指出，他们还必须从社会资本中撷取养分——过去的共有经验、个人成就和个人禀赋，才能在松散的网络中乘风转舵。其他研究网络流动性的社会学家也强调，当你向新雇主或新工作团队展示自己时，你必须兼具吸引力和可利用性；风险涉及的不仅仅只是机会而已。[原注63]

伯特的研究指出了一个关于人类的重要事实，达沃斯的宫廷也已具体传达出这一点，那就是出色的冒险家必定能在模糊和不确定的状态中安然自处。达沃斯的人们已经证明，他们可以在这种情况下过得风生水起。那些不够强大却又试图利用模糊状态的人，最终只会感觉仿佛被放逐了一般。或者说，他们在移动过程中迷失了方向。在弹性资本主义中，当人们在走向不确定性或结构性漏洞时迷失方向，会有三种具体方式，即通过"模糊的平行移动"、"回顾性损失"和不可预知的最终工资。

金字塔式的等级制度逐渐被更松散的网络取代，人们换工作时会更多地经历社会学家所称的"模糊的平行移动"。当人们这样移动时，他们往往以为自己在松散的网络中晋升，而实际只不过是横向移动而已。社会学家曼纽尔·卡斯特（Manuel Castells）认为，尽管人们的收入越来越趋于两极分化和不平等，工作类别也越来越变动不定，但这种螃蟹式移动还是会发生。[原注64] 其他研究社会流动性的学者则强调弹性网络中所谓的"回顾性损失"。因为当人们在弹性组织中冒险移动时，往往对新职位的内容没有确切信息，他们只有在回顾往昔时才意识到自己做了错误的决定。如果他们早知道这样的结果，就不会冒这个险。但是，因为公司总是频繁进行内部变动，试图根据公司的目前结构去对自身未来做出理性决策，可以说是无济于事。[原注65]

人们在职场移动时，最想要计算清楚的是能否赚到更多的钱；在目前经济形势下，关于工资变化的数字统计相当令人沮丧。今天，更多的人在从公司跳槽之后，工资反而比从前更差；34%的人工资显著下跌，28%的人工资明显上调。（见表8）上一代人的情况却大致相反；他们如果换到一家新公司，工资会比在原公司内部晋升会更好一点。即便如此，当时人们的跳槽变动率也低于现在，出于对工作稳定感和公司忠诚度等因素的考虑，人们更倾向于留在原地。

我想强调的是,建立起这些模式的统计途径非常复杂,若要对其进行追踪则需要深入调查换工作人群的年龄、父母阶级背景、种族、教育程度和运气好坏。即便我们做出更精细的区分,也很难把事情理得更清楚。例如,"因工作表现不佳"而被炒鱿鱼的股票经纪人在换工作以后,工资上涨的概率是那些自称主动离职的股票经纪人的两倍。为什么会出现这种情况?没有什么明摆着的答案,也很少有人会自行展开研究。

基于上述三个理由,当代社会的职业流动过程往往让人难以理解。与之相反,代表大量工人的工会和控制同样大型机构的经理之间的谈判非常清晰明了。这些谈判能明确集体的薪资是上涨还是下调,以及最终的决定是晋升还是降级;这种劳资双方的谈判是完全确定无疑的。用商业分析家罗莎贝斯·莫斯·坎托尔(Rosabeth Moss Kantor)的一句话来说,现在旧的官僚主义就像是"正在学习跳舞的大象"。[原注66] 有些新舞步是为了抵制大型机构中明确的谈判,转而让晋升或调薪的路径变得更为流动不定,更为个性化。20世纪中叶,丹尼尔·贝尔发现通用汽车公司被刻板的集体制度统治着,而如今那里的工资标准和工作定义都已变得复杂得多。

如果人们不知道自己冒险移动后会发生什么,为什么还要放手一搏呢?在这方面,波士顿面包店是个有趣的案例。因为这家公司从来不必缩小业务规模;相反,它还一直在招聘员工。员工离职并不是因为被炒鱿鱼,而都是自愿离开的。那个向我宣称"我总不会这辈子都做这个"的男人就属于这类情况。高层经理对这些离职的情况进行辩解，指出工作场所是多么安全又舒适，而且设备都是最新的。罗德尼·埃弗茨没有辩解那么多，但他同样感到困惑："当有人跟我说在这里工作没有前途，我就问他们想要做什么工作。他们也不知道；他们只是告诉我，你不应该一直困在同一个地方。"好在目前波士顿的低工资工人在就业市场上很吃香，但这种纯粹想要闯出去的冲动仍旧令人费解。

我跟埃弗茨说起那本关于结构性漏洞的社会学著作，他回答说："因此科学告诉我们，人类总被危险吸引，就像飞蛾扑火一样。"（我之前提到过，他是钦定本《圣经》的忠实读者。）虽然冒险的冲动可能既盲目又不确定，或是危机四伏，但其中动机更有一套文化的内涵。

如果所有冒险都是一趟迈向未知的旅程，那么通常旅行者心中已有特定的目的地。奥德修斯[1]想找到归家之路；于连想找到跻身上层社会的门道。现代的冒险文化非常奇特，如若原地不动，便被视为失败的标志，而稳定则几乎被视作是行尸走肉的生活。因此，目的地并不要紧，最重要的是出发这个行为本身。社会和经济方面都存在巨大推力，引导人们坚持出走——机构的混乱，弹性的生产系统——这些现实条件本身已经做出扬帆起航的姿态。留在原地就意味着落伍。

因此，我们决定离开的那一刻，似乎已经是旅程的高

---

[1] 奥德修斯是传说中希腊西部伊塔卡之王，在战争第十年凭借木马计攻克城池。此后，他又经历了十年漫长的旅程，历尽艰险后终于返回家乡，与亲人团聚。这段故事载于史诗《奥德赛》。

潮；重要的是，你已经决定做出改变。许多关于冒险的研究指出，当人们最初决定挥别过去，扬帆起航的那一刻，已经是刺激的"最高点"。对罗丝来说也是如此。但在这阵最初的兴奋消退之后，故事却还没有结束。罗丝必须一次次从头开始，每天都暴露在风险之中。计算概率的数学本就令人沮丧，对她来说更是复杂，因为她在企业的职场世界中永远不知道桌上有什么赌注。其他想赚更多钱或谋求更好职位的人也会感受到这种不确定性。

面包师们对工作的依恋不深，归属感比较薄弱，对这类人来说，他们没有什么理由留在原地。有些人开启旅程是出于物质追求，比如职业发展或者增长薪水，但平行移动、回顾性损失和难以预期的工资模式已经抹去了这些进步的痕迹。因此，要在社会中看清自己的方向变得难乎其难，比起在过去的阶级体制中还要艰难。

这并不是说不平等和社会阶级已经消失，绝对不是。而是好像一个人开始让自己行动起来之后，就突然给现实按下了暂停键；他不是在计算概率，也不是做理性选择，而只是希望打断原有轨迹之后，能出现新的机遇。许多分析风险的文献都在讨论策略、作战计划、成本和收益，这纯粹只是学术上的高屋建瓴而已。在现实生活中，人们更多是因为深怕自己无力采取行动，才受到驱动展开冒险。在一个活力充沛的社会中，消极被动的人注定枯萎。

因此，如果学术战略家可以梦想成真，能够理性计算收益和损失，能让风险变得清晰可辨，那么冒险就不会如此令人灰心。但现代资本主义已经组织出几种特定的冒险形态，即使局势清晰也无法带来启迪。新型的市场情况仍迫使很多人承担很高的风险，尽管这些赌徒也知道获得回报的可能性很低。

为了说明这一点，我想要详述罗丝某天下午偶然提到的一件事。她告诉我每当广告公司要解雇一名西装革履的员工时是怎样的场景。"有很多人在外面大厅排队，数百份简历涌入公司，那些年轻人苦苦哀求我们，只为能得到一次面试的机会。"这已经是一个无处不在的问题，资历够格的年轻员工供过于求，在许多其他行业也是如此，比如建筑业、学术圈和法律界。

诚然，人们仍有坚实且重要的理由去提升学历。美国的数据可以作为所有经济先进国家的代表。数据显示，在过去的十年里，拥有本科学历的员工的收入增长比仅有高中文凭的员工多 34%。也就是说，受过大学教育的人本来就有较高起薪，他们只需要十年时间，收入差距便与教育程度较低的同龄人拉大至 34%。在大多数西方社会，高等教育学府的大门已经敞开；根据估算，到 2010 年，二十五岁的美国人中会有 41% 的人拥有四年制本科学历，62% 的人至少上过两年制大学；英国和西欧的比例预计会低 10% 左右。[原注67]然而现在美国的劳动力市场中，需要本科学历的工作岗位只有 20% 左右，而这些高学历要求岗位比例也上升得非常缓慢。（见表9）

资历过高标志着新制度的薪资正走向两极分化。经济学家保罗·克鲁格曼用技术性技能的价值来解释日益严重的不平等："我们提高了生产飞机（和其他高科技产品）的技术人员的工资，降低了那些非技能人员的工资。"[原注68]著名的投资银行家兼外交官菲利克斯·罗哈廷（Felix Rohatyn）也对此表示赞同；他认为社会正在发生巨变："财富从低技术的中产阶级美国工人大幅转移到资本资产所有者和新兴的技术贵族手中。"[原注69]早在50年前，社会学家迈克尔·杨（Michael Young）就曾在《精英政治》（*Meritocracy*）一文中预见了这种技术精英阶层的出现，他们根据自身接受的正式教育来获得定义和认可。[原注70]

在这些情况之下，出现了一种极端的冒险行为。大量年轻人纷纷想要赌上一把，希望自己能成为少数天之骄子之一。这种冒险行为发生在经济学家罗伯特·弗兰克（Robert Frank）和菲利普·库克（Philip Cook）所说的"赢家通吃市场"（Winner-take-all market）之中。在这种竞争格局中，赢家能够横扫所有收益，而大量失败者则只能分食一点面包屑。弹性制度是这种市场得以形成的关键因素。如果没有官僚制度来把财富收益疏导到各个等级阶层，收益就只会一边倒地向最有权势的那方倾斜；在一个不受约束的组织之中，那些有能力攫取一切的人便会得寸进尺。因此，在赢家通吃的市场里，弹性制度加剧了社会的不平等。[原注71]

在这些经济学家看来，"现代经济的回报结构导致太多人放弃了提高生产力的选项，转而追逐最高奖项"。[原注72]当然，这也是来自父母的忠言：要脚踏实地。但这个建议浸染着一种可以追溯到亚当·斯密的信念，即这些冒险行为是出于不切实际的自我评估。在《国富论》中，斯密写道："大部分人对自身能力都过度自负……每个人都或多或少地高估了自己获得收益的概率,而大多数人还会低估亏损的概率。"[原注73]弗兰克和库克最近在这方面做了一项面向百万美国高中生的研究,其中70%的人认为自己领导能力高于平均水平,仅有2%的人认为自己处于平均水平之下。

但在我看来,"过度自负"似乎误读了风险和性格之间的关系。如果不加入赌局,就是提前认定自己会是输家。大多数进入赢家通吃市场的人都知晓失败的可能性,但他们会把这种认知搁置一旁。就像在局势并不明朗时采取的冒险行为一样,放手一搏会立即点燃兴奋感,这可能会遮蔽人们对成功概率的理性认识。但是,即使有人进入赢家通吃市场时能始终保持头脑清醒,他的按兵不动似乎不会被视为谨慎,反而只会让他看起来被动又消极。

这种态度可以追溯到斯密和密尔的政治经济学思想,他们早期曾经赞扬商人的冒险。在现代文化中,人们大肆宣扬承担风险的必要。风险是对性格的考验,重要的是付出努力,抓住机会,即使你理性上知道自己注定无功而返。还有一种普遍的心理现象也会强化这种态度。

当一个人面对冲突,他可能会把注意力集中在眼前的情况,而不是把目光放长远。社会心理学中,这种方式下产生的注意力被称为"认知失调"——意义的架构之间相互冲突。[格雷戈里·贝特森(Gregory Bateson)、莱昂内尔·费斯廷格(Lionel Festinger)以及我本人都曾对认知失调做过不同的研究。][原注74]罗丝需要一些外界肯定来证明自己把工作干得很漂亮,而公园大道上的那家公司却并未提供这种证明。这就是典型的认知失调。关注这类冲突便会引起"焦点关注"（focal attention）——这意味着一个人把某个问题标记为当下需要集中精力应对的事情。

当一个人认为，不论自己做任何事情都于事无补，便会放弃从长计议，因为那看似毫无用处。然而，他的焦点关注可能仍处于活跃状态。在这种情况下，人们会反反复复地思量自己眼前的困境，意识到自己需要采取行动，但他们往往什么都做不了。所有高等动物在遭受创伤时都会是这样的反应，即保持悬而未决的焦点关注，就像是兔子目不转睛地盯着狐狸的爪子。

对于人类而言，冒险行为也可能导致这类悬而未决的焦点关注。"始终一事无成"或"总是回到原点"，他们总要面对看似毫无意义的成功，或是付出无法获得回报的努力——在所有这些情绪状态之下，滴滴答答的时钟似乎停摆了；不辞劳苦的员工沦为此刻的囚徒，眼里只有当下的困境。这种创伤让人如同陷身囹圄。罗丝几个月来一直感觉寸步难行。她从上城区的冒险中回过神来，返回鳟鱼酒吧，才得以从这种困境中脱身。

罗丝曾经这样陈述："是我胆怯了。"这指出了人们在冒险时更残酷但又不那么复杂的一种感受，背后的原因是她正在迈入中年。现在的企业生存环境对中年充满了偏见，倾向于否认一个人过往经验的价值。企业文化会用赌场上的观念来看待中年人，认为他们只会规避风险。但我们很难反驳这些偏见，现代企业的世界总是压力爆表又动荡多变，中年人很可能会担心自己的内在价值被削弱了。

对罗丝来说，她刚搬到上城区公园大道的办公室时，那里一派熙熙攘攘，她震惊于突然意识到自己有多老——不仅是生理年龄，更是社会年龄。"我看着周围这些职场女孩——她们真的只是小女孩；她们外表很亮丽，她们说话带着纽约上流社会的口音。"罗斯说话时没法消除鼻音，也改变不了中下层阶级的讲话方式，但她试图改变外表来让自己看起来更年轻。"我在布鲁明戴尔百货店花钱请到一位女士，请她帮我买一些更好的衣服；我还买了那种可怕的软性隐形眼镜。"隐形眼镜不知为何会刺激她的眼睛，让她在办公室里看起来仿佛随时都要泪盈于睫一样。其他人流露出对她的年龄偏见时，并不一定是有心想要伤害她。"当我换上隐形眼镜，办公室里的女孩对我赞不绝口，说：'哦哟，你看起来超漂亮。'我都不知道该不该信她们的话。"

也许更重要的是，她了解人们在酒吧如何喝酒，如何行事，但她积累的经验却都算不上什么。有一次开会，"他们在谈论这个'低卡'那个'轻食'，我说，'没有人会去酒吧减肥的。'"其他人怎么说呢？"就像我是博物馆里展出的文物一样——酒吧老女郎。"应该这么说，罗丝带刺的沟通技巧并不是商学院里学会的那一套。但她始终感觉年龄像是心头的一根刺，特别是当年轻同事觉得她已经不在状态，一脸同情地提及年龄问题时，她的刺痛感尤为明显；他们也像公司老板一样根据自己的偏见行事，从不邀请她去俱乐部，也不会下班后邀请她去酒吧喝一杯，但这些地方才是广告业真正的战场。真正让罗丝感到困惑的是，公司录用她是因为她具有实战经验，却又转而对她漠然视之，因为她太老了，过气了，开始走下坡路了。

现代工作场所对年龄的态度有这样一个数据基础，即人们工作年限普遍缩短。美国五十五岁至六十四岁的男性中，1970年的在职人数接近80%，1990年已下降到65%。英国的数据和美国基本一致。在法国，中老年工作男性人数比例从约75%下降到接近40%，在德国则是从80%下降到接近50%。[原注75]早期进入职场的人数略有减少，因为年轻人日益重视教育，进入劳动力市场的年龄晚了几年。社会学家曼纽尔·卡斯特因此预测，在美国和西欧，"人们实际寿命约为七十五年至八十年，而实际工作时间可能会变成二十四岁到五十四岁，即缩短为三十年左右。"[原注76]也就是说，工作寿命被缩短到不及生理寿命的一半，年长的员工在身体或精神出现不适之前，就已早早退出职场。罗丝的许多同龄人（她搬到上城区时五十三岁）当时正为退休做准备。

强调年轻是工作寿命被压缩的结果之一。19世纪的公司偏好雇用年轻人，因为他们是廉价劳动力。试想马萨诸塞州洛厄尔镇的"磨坊女孩"和英格兰北部的"矿坑男孩"，他们的工资远低于成人。在如今的资本主义中，雇主仍会出于低工资而偏好年轻人，世界欠发达地区的制造工厂和血汗工厂尤其如此。但现在更高层次的劳动力市场中，年轻人的其他特质似乎也让他们更具吸引力，而这更多是出于社会偏见。

例如，最近一期《加州管理评论》试图阐述弹性组织中年轻的好处和年老的坏处。文章之所以得出这个结论，是因为老员工心态僵化，规避风险，而且物理上也缺乏体力来应付弹性工作生活的各类要求。[原注77]组织中的"朽木"形象也表达了这些根深蒂固的看法。一位广告业的高管告诉社会学家凯瑟琳·纽曼:"在广告业,如果你已经年过三十,你就是死人一个。年龄是个杀手。"一位华尔街高管告诉她:"雇主们认为,如果你年过四十,你就已经丧失了思考能力。如果年过五十,他们会认为你已经精疲力尽。"[原注78]弹性是"年轻"的同义词,而僵化则等同于"老去"。

这些偏见会达到这样几个目的。例如,在公司重组过程中,雇主会把大龄员工归为随时可以遣散的人选。在过去的二十年里,英美模式中四十岁到五十岁出头的男性员工被强制解雇的比例翻了一番。也正是因为企业会把年龄和僵化画等号,今天高管在五十岁左右都面临要退休的压力,尽管他们的精神状态可能正处于巅峰。

比起刚步入职场的员工,年长又经验丰富的员工往往更容易对上司发表点评。因为他们积累了经验,这让他们具有经济学家阿尔伯特·赫希曼(Albert Hirschmann)所说的"话语权"。这意味着,老员工对于他们眼中不够明智的决策,会更倾向于直言不满。他们这样做往往是出于对组织的忠诚,而不是对具体某位上司的忠诚。许多年轻员工接受到错误指令时,会表现得更加宽容。如果他们心有不忿,则更可能选择辞职,而不是留在公司内部进行抗争。就如赫希曼所言,他们更容易"离场"。[原注79]在广告公司,罗丝发现年长员工确实比年轻员工更频繁地对抗上司,而上司往往比他们自己还要年轻。有一位曾在公司工作多年的老员工还被其上司反唇相讥:"你可能不喜欢这里，但你已经太老了，想跳槽也找不到别的工作。"

对于老员工来说，对年龄的偏见传达出一条强有力的信息：一个人的经验逐步积累，却会失去价值。当上级要求做出改革，老员工多年来对某家公司或某个领域的了解可能反而成为阻碍。从公司的角度来看，年轻人的弹性让他们更倾向于接受冒险，也更愿意立即服从指挥。然而，这条强有力的信息不仅指出了权力的偏见，对员工而言更具有个人层面的意义。

当瑞科跟我谈到他的工程师技能已遭侵蚀时，他让我意识到了这一点。在飞机上时，我曾对瑞科说，我感觉每次写作都仿佛在从头开始；无论我曾经出版多少本书，我都没有感到信心变得更足。年轻、稳重又精力充沛的他表示理解并回答说，他身为工程师也经常感到"过气"。他担心自己的技能由内至外都在走下坡路；虽然他比罗丝年轻二十岁，但他表示，作为一名工程师，他现在"只是一个旁观者"。

乍一听，这话仿佛完全是无稽之谈。瑞科给我的解释是，他在学校获得的科学知识不再尖端；他虽然了解新兴的信息技术领域有什么发展，但他已不能走在这个领域的前沿。那些二十出头的年轻工程师们会认为，他这样三十多岁的人已经逐渐失去光彩。我问瑞科是否想过回到大学"回炉重造"，他冷冷地看着我："我们说的可不是学会按一套新按钮那么简单。我太老了，没法再重新开始了。"

根据瑞科的说法，他这行的复杂技能已不再像是做加法，人们不能在同一基础上层层提高；新领域要取得发展，需要从一开始就采用全新的方法，而这往往是入行新人去学习才最有效率。

一位欧美工程师的饭碗如果被薪酬更低的印度同行抢走，那么他就相当于被剥夺了技能——这就是社会学家所说的"去技术化"（deskilling）的一种情况。没有谁夺走瑞科的工程知识，他的恐惧对应的是面对时间流逝时内心深处的一种脆弱感。他说，他在阅读技术方面的期刊时常常感到愤怒，"我偶然看到一些事情，我对自己说，'我早就应该想到这些'。但我却完全没想到"。而且，他几乎不符合"朽木"的刻板印象，但他却几乎同样确信自己在技术能力方面已经"走下坡路"。这样一来，他便把社会对年轻的强调和他个人对衰老的理解结合起来。而社会偏见更是加深了他内心对失去能力的恐惧。

瑞科在工作场合也看到这两方面的结合。他的咨询公司雇用了三位年轻工程师。他们前途无量，比瑞科年轻十岁。"我的主要问题就是怎样留住他们。"事实上，他确信那些掌握最先进技术的人终将弃他而去——"那些有能力跳槽的人，一有机会就会走人。"即使瑞科真的愿意在公司给他们话语权，这些忠诚度不高的年轻高手依然倾向于换工作。他觉得自己对此无能为力。"我管不住他们，你懂吗？"他的经验未必能赢得他们的尊重。

罗丝那一方自己的角落则更加狭窄。她在公园大道的时候，感觉自己的知识正在遭受内部侵蚀。其实她一直都做得很不错（在我看来），但罗丝从来没有混调过像高地地雷（Highland Landmine）这样异国情调的鸡尾酒。这种酒是一份单一麦芽威士忌和两份伏特加浇在刨冰上，她应该闻所未闻。她因为自己无知而倍感烦恼，她只能假装自己知道这种备受年轻人喜爱的酒，某次开会时甚至不懂装懂地展开了长篇大论。当然，她说实话应该是上策，但她担心这会再次显得她已经过气。瑞科自认已经精疲力竭，我不确定是否事实如此；但我知道罗丝还没有，因为比她更年轻的员工被解雇时，她还在坚守岗位。但当他们二人感觉受到考验时，他们都在害怕过去的经验失去价值。

积累技能必然需要时间，但在新秩序中，这不一定能给人带来物质的地位和权利；这种基于时间积累的权利，被视作旧官僚体系黑暗面的又一代表。在旧日官僚体系中，论资排辈的权利让机构陷入僵局。现行制度关注的则是当下的能力。

弹性企业的实践及英美当前政府的劳工政策，全都基于这样一条假设：技能飞速变化是常态。事实上，历史上那些拥有"旧"技能的人被淘汰出局，通常是一个缓慢发生的过程。例如，在18世纪末期，编织这样的手工技能需要经过两代人的时间才被取代。而在20世纪初，福特公司位于高地公园的工厂里的技术变革需要花费近三十年时间。还有一个现象也许会令人惊讶，在如今许多制造业和办公室工作中，技术变革仍只是迈着相对悠闲的步伐；许多工业社会学家观察到，企业摄入新技术之后，需要很长时间来消化。[原注80]发展新技能同样也需要时间，那些只读过一本木工指南的人，根本算不上木匠。

尽管冒险来自长期的历史趋势，但其时间框架几乎无法给我们提供个体上的安慰。其实，每个人对时间的焦虑都与新资本主义深深交织。《纽约时报》有一位作者最近宣称:"对工作的忧虑已让我们四面受敌,冲淡自我价值,分散家庭,让社群四分五裂,工作场所的人际关系也被改变。"[原注 81]许多经济学家认为这话是胡说八道,新自由主义秩序能够创造就业机会,这一事实似乎已说明这种观点的虚妄。然而,这位作者使用"忧虑"一词是非常准确的。"忧虑"是为可能发生的事情而感到焦虑;"忧虑"从一种强调持续冒险的大环境中产生,当既往经验似乎无法为当下情况提供指导,"忧虑"便会增加。

如果仅仅因为外界强加的偏见而否定经验,那么在崇尚年轻的公司中,我们这些中年人就会沦为牺牲品。但是,对于时间的忧虑却更是我们身上的深深烙印。逝去的岁月似乎已经把我们掏空。我们仿佛羞于提起自己的经验。这种信条会让我们的自我价值感岌岌可危,即使我们决定放手一搏也徒劳无益,因为岁月的流逝无可避免。

罗丝回到鳟鱼酒吧之后便找回了勇气;在她因身患肺癌去世之前,她都是局面的掌控者。"我想那是个错误的决定,"当我们一边喝酒一边抽烟,一边谈天说地,她曾这样评价那段上城区的时光,"但我当时必须迈出那一步。"

六　工作伦理

奥斯卡·王尔德曾在《道林·格雷的画像》的序言中写道："一切艺术既有外表，又有象征。若有人要钻到外表之下，那就要自负风险。"[原注82]现代社会的浅薄比艺术的表面或面具更贬抑人性。瑞科的邻居并没有和他一起深入到表面之下。面包师操作简单又方便的机器，导致他们对自己的工作仅停留在肤浅理解的层面。罗丝去了公园大道的一家公司工作，那里强调年轻和漂亮——唉，这是人类最为稍纵即逝的两项特质。这也意味着，她之前积累的生活经验没什么价值。

这种肤浅会贬抑人性,背后的原因之一是时间的无序。指示时间的箭头已经断裂；在一个不断重塑、讨厌常规、崇尚短期的政治经济体中，时间已经失去轨迹。人们缺乏持久的人际关系和长远目标。我在前文所描述的人们都尝试着在表面之下找到时间的深度，但他们只能表露对当下的不安和焦虑，除此之外无从下手。

在当今社会中的工作伦理领域，深度经验遭受到了最大的挑战。我们通常说理解的工作伦理主张自律地利用自身时间，点出延迟满足的价值。这种对时间的约束塑造了恩里克的一生，那些柳树大道的汽车工人以及波士顿的希腊面包师也是如此。他们努力工作，耐心等待；这就是他们心理上体验到的"深度"。这样的工作伦理部分取决于企业是否足够稳定，只有稳定才能让员工在实践中延迟满足感。然而在企业迅速变动的制度之下，延迟满足已经失去了价值；如果雇主只想着提升销售额，不断向前看，而你却在他手下为了长期目标而兢兢业业工作，这就变得很荒谬了。

若只是哀叹勤奋和自律正在消亡，就会陷入阴郁的感伤主义之中，更不用说良好仪表、尊重长辈这类已逝去的风气，这都只是停留在美好往昔的种种欢乐而已。旧日的工作伦理非常郑重其事，让工作中的自我（the working self）背负着沉重的负担。人们试图在工作中证明自我价值；如马克斯·韦伯所说，"世俗禁欲主义"（worldly asceticism）的形式之下，延迟满足可能会是一种极具自我毁灭倾向的做法。但是，人们想要找到一种现代方案来替代这种时间的长期纪律，却并不能真正纠正这种自我否定。

现代工作伦理很看重团队合作。对他人的敏感体贴也很重要；人们还需要具备一些"软技能"，比如善于倾听，乐于合作；最重要的是，团队合作强调团队要有能力适应各种环境。在一个弹性政治经济体中，团队合作是最为合宜的工作伦理。尽管现代管理学中，有许多对办公室和工厂的团队合作的心理建设，也做了很多绘声绘色的渲染，这仍然只是一种浮于经验表面的工作精神。团队合作其实是对贬低人性的肤浅进行集体实践。

旧日工作伦理揭示出的品格概念到今天仍然重要,即使这些品质已不再在劳动中体现出来。旧日工作伦理的基础,是能够自律地使用自己的时间,强调自发自愿的行动,而不只是被动地屈从于时间表或常规的安排。在古代社会,这种自我约束的纪律被视为应对混乱自然界的唯一方法,是农民每天都必不可少的品格。以下是赫西俄德[1]在《工作与时日》一书中为他们提出的建议:

今天的事不要拖到明天、后天。懒汉不能充实谷仓,拖沓的人也是如此。勤劳就工作顺当,做事拖沓者总是摆脱不了失败。[2] [原注83]

大自然风雨不测,对人类漠然视之;农民生活在一个残酷的世界。赫西俄德说:"人们白天没完没了地劳累烦恼,夜晚不断地死去。"[原注84]

然而,在赫西俄德的世界里,在自我约束的纪律之下利用自己的时间,似乎比人性美德具有更直截了当的必要性。在赫西俄德的时代,大多数农民都是奴隶而非自由身;无论是奴隶还是自由耕种者,他们和大自然的斗争似乎都不如城市中人与人的军事斗争那么重要。后来修昔底

---

[1] 赫西俄德(Hesiod,生卒年不详),古希腊诗人。他大概生活在前8世纪。他常去赫利孔山,据说那里是缪斯的住地。赫西俄德说,有一天他在放羊时缪斯给予他写诗的本事。
[2] 这一段译文摘自《工作与时日 神谱》,第13页,译者:张竹明、蒋平,商务印书馆,1991年11月出版。

德[1]也曾语带冷漠地提到，斯巴达人和雅典人如何将彼此敌人的乡村夷为平地，似乎农民的劳动没有在道义上幸免于难的权利。

随着时间推移，农民的道德境界得到提升。必须艰苦工作，这已然成为一项美德。维吉尔[2]生活在赫西俄德之后近五百年，他依然提到了大自然的混沌状态。他在《农事诗》的第一卷中这样写道：

> 我常见大风呼啸着
> 把沉重庄稼连根拔起，
> 抛向更远更广之处，如同农夫
> 带来刀具给大麦脱壳——
> 暴风雨匿于扭曲的黑色云层中
> 镰刀和翻滚的麦粒都被一扫而空。[原注85]

维吉尔和赫西俄德一样，明白农夫在面对旋风时能做的不多，他们顶多只能尽量最大程度地利用时间。但由于农夫怀有坚毅和忍耐之心，他在某种意义上已经成为英雄。

这恰恰点明了维吉尔在《农事诗》第二卷中一段著名文字的意义。维吉尔描写了士兵参与"不明确的斗争"，而农民则站在他们的斗争之外，也并未参与"罗马帝国和

---

[1] 修昔底德（Thucydides，约前460—约前400），古希腊历史学家、思想家，以《伯罗奔尼撒战争史》传世，该书记述了公元前5世纪斯巴达和雅典之间的战争。

[2] 维吉尔（Publius Vergilius Maro，前70—前19），古罗马诗人。其作品有《牧歌集》、《农事诗》、史诗《埃涅阿斯纪》三部杰作。

注定灭亡的帝国"之间的斗争。[原注86]农民知道和大自然搏斗不可能有决定性的胜利——胜利不过是一种幻觉。对维吉尔来说，农耕在道德上的美德在于教导人们，不论结果如何都要永保坚定。赫西俄德曾有格言："拖延之人势必与毁灭搏斗。"在《农事诗》中，维吉尔赋予这句话新的意义。我们所有人内心都有一个"农夫"，都在与毁坏自己的力量相搏斗。《农事诗》将大自然的混乱状态转化为内在心理上的混乱；当我们每个人面对这些内在风暴时，唯一的防御措施就是好好安排自己的时间。

自律的概念在最初成型之时，就带有强烈的禁欲主义色彩——不是哲学上的概念，而是一种实用的禁欲主义，因此人们需要和内心混乱状态的持久作战，而且并不期待获得胜利。这是一种实践性的禁欲主义，在基督教早期的信仰中，这逐渐生成了有关懒惰（sloth）的教义。与其说懒惰是一种贪图享乐的状态，倒不如说懒惰其实是"自我"在内部消解的过程。奥古斯丁曾在《忏悔录》（*Confessions*）中描述懒惰，再到文艺复兴早期，这种实用的禁欲主义近千年来一直坚守伦理。时间的划分就像教堂的钟声一样，可以帮助人们管理自己的时间，却无法向他们灌输自律的渴望——只有人们对内在和外在普遍可见的混乱状态都更感厌恶时，这种渴望才会出现。

文艺复兴早期，这种根深蒂固的实用型禁欲主义发生了一点变化。作为一种伦理价值，它没有直接受到挑战，但却受到了一种新思潮的影响。人们开始意识到，人是历史性的生物，不应只是年复一年简单地忍受岁月流逝，而应是在不断演进和改变。农夫长期秉行禁欲主义，这对历史性的人类来说是不够的；纪律的条件必须随着不断变化的自我而改变。但是，应该如何跟随自我来调适呢？

佛罗伦萨的皮科·德拉·米兰多拉（Giovanni Pico della Mirandola）是一位文艺复兴时期的哲学家。他也曾在《论人的尊严》（*Oration on the Dignity of Man*）中提及这样的困境。皮科首次提出了现代概念"工匠人"（homo faber），即"人是自身的创造者"。皮科提出："人是具有多样性、多形式、易毁坏这些性质的动物。"[原注87] 在这种可塑的条件下，"人可以成为他所选择的样子，也可以得到他所渴求的事物。"[原注88] 我们必须重新塑造世界，而不是继承之后让世界维持原样；只有这样做，我们才能保持尊严。皮科宣称："如果没有自己创造出任何成果……是非常可耻的。"[原注89] 我们在世界上的工作便是创造，而最伟大的创造就是塑造自己生命的历史。若要定义一个人是否拥有坚强品格，基本方法便是观察他是否有能力塑造自己的经验。

然而，"工匠人"这个概念撞上了传统的基督教教条。奥古斯丁曾经警告世人："放下双手吧；试图建立你自己，只会建出废墟。"遵从奥古斯丁教诲的基督徒应该努力模仿耶稣的生活方式，以之为榜样。因此，文艺复兴时期的廷代尔（William Tyndale）主教劝告教友，要"自己去感受……改变自己，变得与基督相似"。任何纯粹出自个人的创造都必然是低劣的。[原注90] 控制自己对时间的使用是一种美德，但若想创作出属于自己的经验，则是犯了傲慢之罪。

皮科并非对这些信念充耳不闻。他也同意，基督徒应该言行自律，并且效仿榜样的生活。但与此相反的是，他同时也想象出了历史性的时间，这是受到精神之旅的文学范式影响而形成的；皮科援引了航海者奥德修斯的故事，他正是通过漂泊经历才创造出了自成一体的历史，尽管他对自己的最终目标从未心存疑虑。皮科内心的基督徒也确切知道最终目的地何在，但他仍想出海航行。他是文艺复兴时期第一批赞美心灵冒险的哲学家之一。他知道，内心的大海和文艺复兴时期探险家们远航的海洋一样，都属于未知的领域。

自律（self-discipline）和自我塑造（self-fashioning）是两条背道而驰的伦理。在一本关于工作伦理的名著中，两条线汇至一处，这就是马克斯·韦伯的《新教伦理与资本主义精神》（*The Protestant Ethic and the Spirit of Capitalism*）。他在分析现代资本主义的黎明时，想要证明这二者可以合而为一，而非相互矛盾。赫西俄德给农民下的古老禁令是"不要拖延"，我们可以肯定的是，韦伯认为这在资本主义中发生了某种程度上的翻转，演变为"你必须拖延"。你必须拖延的是你对满足和成就的渴求；你必须塑造自己的生活历史，这样你最终才能取得一些成就；然后，也只有通过这样的过程，你才会在未来的那个时间点得到满足。就目前而言，你仍必须像维吉尔笔下的农夫一样和懒惰对抗，同时对抗死板严厉的时间分配所带来的内心混乱。说白了，韦伯认为这种工作伦理只是一种欺骗。拖延永无止境，对当下的自我否定则很残酷无情；那些承诺的回报永远不会到来。

韦伯对工作时间持有以上看法，并以此来批评现代人对品格的观点。具体来说，他批评的正是"人是自身的创造者"这条信念。我们在学校里最常听到的韦伯文章往往是如下版本：17世纪的新教徒想要通过自律来证明自己在上帝眼中的价值，但这又和天主教徒在修道院中忏悔的做法不同。清教徒想通过工作来证明自身价值，否定当下的自己，通过日复一日的牺牲来积累微小的美德。这种自我否定后来成为18世纪资本主义实践中的"世俗禁欲主义"，它强调储蓄而非消费，认为日常活动应该"常规化"，对享乐应该心怀恐惧。这样一个简洁浓缩的版本，让韦伯文章中宏大的悲剧性显得空洞起来。

在韦伯看来，基督教信仰之所以独特，是因为它使男男女女陷入深刻的痛苦怀疑之中，并要求他们扪心自问："我是一个有价值的人吗？"基督教提到的堕落及其后果，似乎都斩钉截铁地回答了这个问题：我不是。但没有哪个宗教会断言人类没有价值，这将会是给信徒开出自杀的处方。在新教出现之前，天主教想劝人们皈依教会机构、宗教仪式及其神父的神奇魔力，如此来安抚这些有缺陷的人类。新教则寻求一种更为个人化的补救措施，来治愈信徒的自我怀疑。

奇怪的是，马丁·路德本应是韦伯的模范人物，但他并不是。在《95条论纲》（*95 Theses*）中，路德这位反叛的牧师主张用一种更不加掩饰的信仰体验来反对安逸的仪式；路德断言，如果我们只是嗅闻焚香、面对雕像和绘画祈祷，信仰不可能从中产生。抨击圣像的做法在教会中由来已久，在伊斯兰教和犹太教中也是如此。但路德的特别之处在于，这些不再崇拜圣像的信徒必须独自面对信仰问题，而非置身于信仰群体中。路德的神学是个人的神学。

新教的每个信徒个体都必须塑造自己的历史，使生命整体增添意义和价值。现在个人必须要对自身特定的生活时间负起道德责任；皮科所说的航海者如何度过自己的生活——具体到他让自己睡多久、如何训练孩子说话之类的细节——这些都决定了他将会受到何种道德评判。在我们的生活史中，我们只有少许事情能够掌控。但路德坚持认为，我们必须对生活的全部负起责任。[原注91]

在《新教伦理与资本主义精神》一书中，韦伯将目光投向新教教义中让人无法为自己生活负责的层面。路德曾断言："无人能确信自己的忏悔是否完整。"[原注92] 路德这位基督徒一直处于无法释怀的怀疑之中，他不知是否有能力证明信徒自身生活故事的合理性。在新教神学中，这种无法消散的怀疑通过宿命论传递出来，这是一条看似神秘晦涩的神学理论。加尔文在《基督教要义》中宣称，一个人的灵魂在死后是得救还是毁灭，只有上帝知道；我们无法推测神圣的天意。被罪恶压垮的人类因而居住在一种永久的不安状态下，不确定生命是否会陷入地狱烈火的永恒折磨之中。这就是新教教义中人类的不幸命运——我们必须努力赢得自己的道德地位，但却永远不能自信地说出"我很不错"，甚至也不能说"我已经做了善事"，唯一可能的说辞是"我是一片好意"。而加尔文的上帝会回答说："再多努力一点吧。不论如何，你都还不够好。"

这里潜藏着同样的风险，因为这可能又为信徒开出了自杀的药方。但是，新教徒拿到的并不是仪式上的香膏，而是一种更严酷的解药：面向未来，竭心尽力，努力工作。

通过努力工作来组织出个人的生活史，这可能会成为黑暗中一点希望之光，这仿佛是一种"被选中的标志"，使信徒觉得自己能够成为从地狱中被拯救出来的一员。但与天主教善行不同的是，新教徒并不能通过辛勤工作而赢得造物主的更多青睐；劳动只是他们想向神圣的判官表示自己尚有价值，但法官早已裁定每个人的命运。

这就是"世俗禁欲主义"这一抽象概念中隐藏的恐怖之处。在韦伯看来，新教徒传递给资本主义一个讯号，那就是人们都更愿意储蓄而非消费，这种行为正是自律和自我否定的体现。这个讯号还催生出一种新的品格类型，就是一心想通过工作来证明自身道德价值的"被驱动者"（the driven man）。

韦伯还举出了一位美国偶像作为早期被驱动者的例子。本杰明·富兰克林这位机智入世的外交家、发明家和政治家在韦伯的书中登场。他表面上和蔼可亲，其实却是一个惧怕享乐的工作狂人。富兰克林把每一寸光阴都当成金钱一样锱铢必较。他为了节约开支，一直禁止自己饮酒或抽烟。在富兰克林的心中，存下的每一分钱都是微小的美德。不论人们如何勤奋地实践工作伦理，但他们仍然心存自我怀疑。富兰克林已有如此的成就，却还一直担心自己不够好，似乎任何成就都不足道；这样的路径根本不可能抵达圆满。

被驱动者不符合旧天主教对财富之恶的印象，比如贪吃无厌或奢侈挥霍；被驱动者争强好胜，却无法享受自己的战果。被驱动者的生活史是无尽追求他人认可、永不停息地寻找自尊的过程。然而，即使别人称赞他秉持世俗禁欲主义，他也害怕接受这种赞美，因为这意味着自我接受。当下一切都不过是工具性的手段，为的是通向最终目的地；眼前的每件事本身都不重要。这就是个人神学在世俗社会中呈现的情况。

作为经济史著作，《新教伦理与资本主义精神》错误百出。作为经济分析，它忽略了消费对资本主义的驱动力量，这很奇怪。然而，作为对某品格类型的批判，这本书的目的和实践始终一贯。在马克斯·韦伯看来，被驱动者的工作伦理似乎不是人类幸福的来源，也不是心理力量的来源。被驱动者对工作的重视程度太高，因此被压得喘不过气来。米歇尔·福柯[1]告诉我们，纪律是一种自我惩罚的行为。在这种工作伦理的演绎之中，事实果如其言。[原注93]

我深入到细节来研究了这段历史，因为有纪律地利用时间这项美德，其实并不像初看之下那么简单又直接。对古代世界的人们来说，这是一场残酷无情的斗争。对于文艺复兴时期认为"人是自身的创造者"的人来说，这是难解之谜。在个人神学中，这是自我惩罚的来源。工作伦理的式微，对文明来说显然反而是种收获。被驱动者总是怒火冲天，而我们自然会想要驱除这种狂怒的困扰。

然而，这取决于我们工作中的负担减轻了多少。在很多方面，现代团队工作的形式都和韦伯设想的工作伦理恰

---

[1] 米歇尔·福柯（Michel Foucault, 1926—1984），法国哲学家和思想史学家、社会理论家。他对文学评论及其理论、哲学有很大的影响。

恰相反。团队的伦理和个人伦理不同，团队工作强调相互响应，而非个人信服力。团队的时间富有弹性，针对特定的短期任务，而非以数十年计算的隐忍和等待。不过，团队合作把我们带入现代工作场所中贬低人性的肤浅领域。团队工作的确已从悲剧领域退场，把人与人的关系变成了一场滑稽闹剧。

以伏特加酒为例，罗丝在公园大道的那一年里，她工作的广告公司面临着一个明显由来已久的问题。由于这种烈酒没有味道，公司的营销任务就是要说服消费者，让他们相信某个品牌比其他都要高级。我要抱歉地提到，罗丝在经营鳟鱼酒吧时就曾利用这个谜题谋利；她把加拿大某地生产的廉价伏特加灌入了俄罗斯的斯托利伏特加[1]空瓶里。"还没有人尝出味道有什么区别。"她曾经这样向我承认，言语中带着几丝得意。

她在上城区的那一年里，有一家烈酒公司计划向这个方向投入大量资金，并在几家广告公司之间展开一场竞赛，寻求最佳解决方案。新的酒瓶造型、不可能的俄罗斯品名、新奇的口味，甚至新的伏特加包装盒形状——所有这些都放在台面上讨论。在这个小小喜剧中，罗丝想到了自己的解决方案，我怀疑她提出时其实带着一点嘲讽意味。她指出，俄罗斯有一种用蜂蜜调味的伏特加，可以作为健康饮料加以推广。

---

[1] 斯托利伏特加（Stolichnaya Vodka）是一种备受推崇的高档伏特加，自1970年代以来一直在美国销售。虽然它不是美国最早的伏特加酒品牌之一，但具有重要的历史意义，因为它是第一个引入调味伏特加和高级伏特加概念的品牌。该品牌在中国俗称"苏联红牌"或"苏连红"。

这出喜剧对罗丝来说并不好笑，因为她很快就被排除在圈子之外——也就是说，大家都在通信网络中相互给出建议和传言，议论其他公司正在做什么，伏特加团队成员因此而生气蓬勃，而罗丝却不能加入其中。现代通信技术在某些方面能加快合作进程，但在媒体行业，面对面交流仍然是主要的沟通方式，至少在纽约是如此。在办公室外的派对、俱乐部和餐厅里，罗丝都无法加入这种面对面的小道消息圈；正如我们提到过的，她的年龄和外表都是她的劣势。

但她的不利情况还不止这些。她还不断提到人们在酒吧中喝酒的实际情况，而圈子里的人们并不懂这些。例如，她提到那些偷偷酗酒的人总会首选伏特加，因为他们认为其他人都闻不出自己喝了酒。同事们的反应则是"这只是你自己的个人看法"，认为她干扰了他们的讨论。术业有专攻的信息往往会阻碍沟通系统。在这类文化方面的团队工作中，人们一起工作是为了打造形象，沟通的行为本身比沟通的具体内容更重要；为了沟通，谈话的游乐场必须开放，让大家都可进入。之后，流言的形成和分享就成了合作的实质内容。有了关于竞争对手的小道消息，交流就变得活力满满；而那些板上钉钉的事实性信息则让交流变得沉闷。其实，信息交流往往会自生自灭；在广告公司，当俄罗斯品名答案的小道消息已在每个人耳畔传了个遍之后，大家就转而开始交换其他小道消息，比如装瓶子的包装盒是六边形之类的。

这次团体努力迎来最惨淡的现实，他们公司未能签下这份合同。因为公司的财务损失惨重，罗丝原本以为接下来会是一段相互指责、团队集体担责的时期。此外，她还告诉我，她预感人们会因这次失败而感到"悲痛"，这话说明她认为这些兢兢业业的广告从业者的确会介意失败。但就团队而言，人们反应各不相同，更加倾向于保护自己。没有人相互指责，也没有人努力为自己辩解。他们根本没有时间这样做。几天后，这个负责烈酒业务的团队转头就接下了另一个项目，团队原班人马继续奋进。

群体行为的专家很可能早就预料到了这一点。团队倾向于维持事物的表面状态，以此来保证团结；大家都只谈表面的肤浅内容，避免困难、分歧和个人问题，这样便能共事。因此，团队工作似乎只是群体一致性中的又一个关系案例。但是，保持沟通和共享信息的精神又让这种一致性具有了特殊的变数，因为强调弹性、拥抱变化会让团队成员很容易在派对、办公室、午餐会、俱乐部的网络中受到谣言或他人意见的影响，哪怕只是一点点捕风捉影或风吹草动。我之前提过，纽约的广告人并不是那种穿西装打领结的风格，他们不是企业文化的顺从者。在过去的工作文化中，那类服从企业的员工不会做出难以预料的事，他们被认为是可靠的人物——你可以猜出他的每个反应。在这种崇尚形象和信息的弹性文化中，我们不太能预测员工下一步要做什么，也看不到明显的可靠特征；这里没有稳固的立足点，就像伏特加的问题并没有最终答案一样。

罗丝的箴言是"不要引事上身"。这话特别适用于这个团队的领导者。在这个伏特加项目里，烈酒团队的领导从头至尾都和其他组员平起平坐，而并未表现得像个上司；用管理上的术语来说，他的角色是在团队中"推进"解决方案的诞生，并"协调"团队和客户的关系。他管理整个工作过程。他的工作是推进和协调，只要他有足够才干和手腕，他就可以不用为工作结果担责。因此，传统意义上带有权威的"领导者"这个词已经不太适用于他。古代农夫与自然斗争时，需要有冷厉坚决的意志行为。而现在领导者所做的推进和协调工作并不需要这样。

我所描述的情况看起来可能并不匹配"工作伦理"一词。但是，进入这种企业环境对罗丝来说的确是一种冲击。罗丝在鳟鱼酒吧工作时，她实践的是类似老式工作伦理的那一套。进货、做好汉堡、调制饮料，这些都是即时完成的任务，可能并未带给她深刻的满足感。但是，她的工作同时也是未来导向的——她要存下足够的钱让女儿们上大学，经营好一家足够有价值的店面，让她最终能在转卖它之后便安心退休。直到某一刻，她决定自己不能再这样等下去，她也可以用在自己的生命中创造点什么，她也可以开启一段皮科笔下的航程。她自然而然地在那一刻产生了自我否定感，虽然这可能是个错误。

我们已经看到，韦伯的世俗禁欲主义让路德的个人神学在世俗世界里得到实现。那些困在世俗禁欲主义中辛苦劳作的人，努力想要获得对自身的掌控感。更多情况下，被驱动者想要解释自我情况的合理性。在广告公司，罗丝发现了一种全然不同的工作伦理，适用于这样一家纯粹注重眼前、形象和表面的公司。这个世界有着不同形式的工作伦理，似乎更注重合作而非个人，我们可以说这更为宽容。

然而，这也并不总是如此温和。人们在团队中仍会玩权力游戏，但更加强调沟通、推进和调解等柔性技能，这让权力在某个方面发生了根本性的改变：权威消失了。不再有人能够自信满满地宣称"这才是正确的方式！"或"服从我，因为我对状况清楚得很！"之类的。手握权力的人不再理所当然地下命令；他们只是"推进"，把工作授权给别人。这种权力不再具有权威性，员工也因而摸不着头绪；他们可能仍然还想为自己辩护，但现在没有一个更位高权重的人做出回应。加尔文的上帝已经逃走，权威人物也在团队工作中消失了。这是一个相当具体、实实在在的过程。

在劳工部长伊丽莎白·多尔（Elizabeth Dole）曾经委托的一项研究中，团队合作被官方认定为一种现代的美国管理实践。1991年，部长主管的"达成必要技能委员会"（Secretary's Commission on Achieving Necessary Skills，简称 SCANS）编写出了报告，旨在阐明人们在弹性经济中需要何种技能。不出人们所料，该报告非常看重基本的语言表达能力和算数技能，以及科技方面的处理能力。令人惊讶的是，多尔及其同僚们原本并不以多愁善感而著称，这次却特地强调了善于倾听和教导他人的能力，以及团队工作中的协调艺术。[原注94]

这个委员会的团队形象是一群人聚在一起执行具体的即时任务，他们并不像村落居民一样共同居住。作者考虑的是，团队成员不断变动，而且个性各异，员工接到短期任务后必须有能力立即融入团队。这意味着，人们工作中必须具备一种"便携的"（portable）社交技能：不论是你自己从这个团队换到另一个团队，还是团队成员像电脑屏幕上的窗口跳动一样来来去去，你都要善于倾听，乐于助人。优秀的团队成员还需要一种超然态度：你应该有能力从已经建立的关系中抽身而出，判断如何予以改进；你必须构想手头的任务，而非深陷在团队里那些年深日久的阴谋、背叛和嫉妒之中。

在这份报告中，随处可见一项误导性的体育隐喻，这也恰恰点明了弹性工作场所中团队合作的真实情况：在弹性形式的工作中，运动员们都是边打比赛边制定规则。比如，这项研究强调倾听的艺术，因为作者认为一面做事一面给出清楚的指导比按照程序手册的书面规则行事要更即兴，也更自由。而办公室的这种运动与其他运动不同，因为运动员在工作中不会像体育赛事那样计分，只有眼前的赛局才是重要的。这份研究强调，既往表现并不能作为当下报酬的指标；在每一场办公室的"体育比赛"中，你都要从头开始。这其中传达出的信息便是，资历在现代工作场所中已经越来越不重要。

这份报告作者是现实主义者，其他类似研究者也是如此，他们知道现在经济强调的是即时表现以及短期内的最终结果。但现代管理者也知道，人与人之间"狗咬狗"式的竞争会破坏团体表现。因此，现代职场的团队合作出现了一种假象，仿佛员工之间并不存在真正的竞争关系。此外，还出现了另一更重要的假象，似乎员工和上司并不对立，上司只是负责管理团体的进程。上司是一个"领导者"，这是现代管理词典中最诡谲的词汇；一个领导者和你站在同一战壕，而不是你的统治者。权力的游戏中，团队的对手是公司内部的其他团队。

人类学家查尔斯·达拉（Charles Darrah）曾经研究两家高科技制造公司的"人性技能"培训，他发现了员工如何被引入这种假象之中。他的研究充斥着现实给理论带来的精彩讽刺；例如，一家公司的劳动力有 40% 都是越南工人，"他们特别害怕团队这个概念，他们由此联想到共产主义的工作团队。"[原注 95]事实证明，这类互享信息等社交方面的美德培训并不容易，也不善意。职级较高的员工不敢把自己的技能传授给新进员工或级别较低的员工；这样他们自己可能就会被取代。

员工学习如何扮演公司的不同角色，从中学习团队合作的便携技能。因此，每个员工都知道在不同的工作窗口中如何表现。在达拉研究的一个工作场合中，"员工得到的指示是，每个小组都要像一个独立公司，成员都应当把自己当成公司的'副总裁'。"[原注 96]大多数员工都会认为这有点诡异，因为这家公司对越南的操作人员并不尊重，这是众所周知的事实。但那些按照指示行事的新员工会被认为在人性技能培训中"获得了成功"。这些课程的培训时间很短，往往是几天，有时甚至只有"几小时"。这种短暂性反映出员工在弹性工作中要面对的现实，他们总要快速研判新情况和新人物。当然，观众总是那些管理人员，新员工总会迫切地想要讨好他们；而团队工作中的假装艺术则是表现得好像自己只跟其他员工打交道，假装上司并没有在一旁监管。

社会学家劳里·格雷厄姆（Laurie Graham）曾在斯巴鲁-五十铃工厂的装配线上展开研究，她发现"公司的各个层级都在使用团队的隐喻"，最高级别的团队是运营委员会。和体育运动相关的比喻大行其道；根据一份公司文件，"团队领导是技术高超的同事，好比篮球队的队长。"弹性劳动把团队概念进行了合理化，把这视为一种发展个人能力的方式；公司宣称"所有队友都要接受培训，并履行一些职能。这增加了他们对团队以及对斯巴鲁-五十铃的价值"，也能增强他们的自我价值感。[原注 97] 劳里·格雷厄姆发现自己被这种"通过平等象征而产生的合作文化"所包围。[原注 98]

社会学家吉迪恩·昆达（Gideon Kunda）把这种团队工作称作一种"深度表演"（deep acting），因为它迫使每个人和他人相处时都必须操控自身的外表和行为。[原注 99]"真有意思。""我听到你说的是……""我们怎样才能做得更好？"这些都是演员合作时戴上的面具。达拉研究的培训小组中，那些成功者在实际生活中的行为大都和老板在场时大相径庭。社会学家罗宾·莱德纳（Robin Leidner）曾探讨过一个现象，服务行业的企业会给员工发放现成的脚本；这些脚本的目的在于建立员工的"友好性格"，而不是解决客户面临的实质问题。旋转门内的职场世界里，员工从一个任务转到另一个任务，从一家公司跳到另一家公司，合作面具便是他们随身携带的唯一资产。一个博得人心的微笑，便是这些社会技能窗口中的"超文本"。如果这种人性技能训练只是表演，那也是纯粹关乎生存的问题。一位主管曾经评论那些不能迅速衍化出合作面具的人，他告诉达拉："他们大多数人最终都会落后，只能不断奋起直追。"[原注 100] 而团队内部没有个人权力斗争以及相互冲突的这些表象，主要是为了巩固那些高层人员的地位。

劳里·格雷厄姆发现，这种团队合作的表面假象以一种特殊的方式压迫着人们。在她的工作团队中，来自同事的同辈压力（peer pressure）取代了老板的挥鞭督促，让汽车在装配线上尽快向前移动；公司营造出员工都乐于合作的假象，其实是在毫不留情地驱使他们发挥出更高的生产力。一位同事在最初的热情消退之后告诉她："我以为这里会有所不同，因为他们有这一套团队的概念，但其实管理层只想把员工往死里压榨。"各个工作团队必须对每个成员的工作负起集体责任，团队之间会相互批评。格雷厄姆采访过的一名工人说，一名团队领袖"走到我面前，给我上了简短一课，告诉我……我们作为一个团队要怎样工作才是最好的，我们应该'挑出别人的错误，在错误无法收拾之前让他们知道'"。员工的确在相互问责；他们在开会时不得不这样做，而会上的情况听起来类似于是集体治疗——面向最终结果的治疗。[原注 101]但每个员工得到的回报是得以重新融入团体。

在斯巴鲁-五十铃与外部世界打交道时，员工和管理层处于同一个团队的这种假象同样管用。斯巴鲁-五十铃以工作团队这种假象作为借口，自证其对工会的激烈抵制是合理的；此外，日本公司在美国榨取利润再送回自己国内，而这种团队假象也能把这一事实合理化。日本公司往往倾向于把团队合作推向极致，而这家公司正是一个极端的案例代表。但这还是放大了弹性机构中团队合作部署的普遍规模。"这些措施的相同之处在于，"劳动经济学家艾琳·阿佩尔鲍姆（Eileen Appelbaum）和罗斯玛丽·巴特（Rosemary Batt）认为，"它们没有改变生产制度的基本性质，也没有威胁到企业的基本组织形式或权力结构。"[原注102]

这一点上最重要的是，管理者们为了避免来自内部的挑战，共同坚持使用这样一项妙策：始终和下属在同一团队，一起完成手头工作。迈克尔·哈默和詹姆斯·钱匹在《企业再造》中敦促管理者"不要像主管一样行事，而应更像教练"。他们这是在为上司考虑，而不是为了员工。[原注103]上司不用为自己的行为负责；一切都由员工来承担。

说得更加正式一点，团队工作表面的场景中存在权力，却不存在权威。权威人物需要对自己行使的权力负责。旧式工作的等级制度中，老板对权力负责的方式可能是公开宣称"我有权力，我知道怎样做最好，服从我"。现代管理技巧则不想保留这种声明的"独裁"特点，但在这个过程中，他们也成功逃离了对自身行为的责任。"我们必须认清这一点，我们或多或少都是偶然才成为这里的员工，我们都是特定时间和地点的牺牲品。"一位 AT&T 经理在最近一波裁员潮中如是说。[原注104]如果说"变动"本身应该为一切负责，如果每个人都是"牺牲品"，权威也就随之消失了，因为我们不能追究任何人的责任——肯定不是这个经理要解雇员工的。其实是同辈压力在真正执行经理的工作。

弹性团队工作最浮于表面的部分，正是对权威和责任的否定。这既已成为人们日常工作生活的一部分，也会在罢工或裁员之类的危机时刻发生。至于手握权力的人如何否认自己的权威,社会学家哈雷·谢肯(Harley Shaiken)曾对此做出出色的实地调查。有位身处蓝白领"混合团队"的蓝领工人曾告诉谢肯,这种逃避责任的情况往往如何发生,这个案例值得在此详细引用:

> 真的,实际情况是,运行机器不是你一个人的事——会有三四个人一起操作,比如工程师、程序员、负责固定装置的人、操作员……但要和参与这个过程的这些人员沟通实在太难了。他们根本不想听。他们已经接受过全套培训,拿到了各种学位。他们就是不想听到你指出任何错误。如果有错误,那也一定是你的错。如果他们已经犯了一个错误,他们肯定不会承认……当我想出办法来改进某项操作时,如果我能不被人发现的话,我就不会告诉任何人。再说,也没人来问过我。[原注105]

瑞典社会学家马林·奥克斯特伦(Malin Åkerström)从这类经验中得出结论,中立态度(neutrality)就是某种形式的背叛。没有人真正出面宣布"我会告诉你该怎么做",极端情况下也没人会说出"我会给你点颜色看看",这已不只是公司内部的一种防御行为;这种权威的缺席让掌控者可以自由地转变、调整、重组,甚至不必为自己或自身行为辩护。换句话说,掌权者获得了当下的自由,他们也只聚焦于当下。"变动"本身会为一切负责;而"变动"并不是一个具体的人。

此外,没有权威的权力让团队领导可以否认员工合理的需求和愿望,从而达到掌控员工的目的。斯巴鲁-五十铃工厂的经理们会用体育方面的比喻,把自己称作教练。劳里·格雷厄姆发现,如果工人要向教练式的上司直言团队合作以外的问题,这即使不是作死也是困难重重;如果员工直言不讳地要求加薪,或是要求降低生产压力,上司就会认为他们缺乏合作精神。好队员是不会哀哀怨怨的。团队合作的假象只具有肤浅内涵,而且只关注眼前这一刻,避免抵抗,转移冲突。正是因以上特性,这种假象对员工行使支配权时相当管用。深层次的共同承诺、忠诚和信任都需要更多时间,也正是因此才不那么好利用。那位宣称我们都是时间和地点的牺牲品的经理,也许是本书中最为狡猾的人物。他精通挥舞权力而不负责任的艺术;他把自己的责任甩在身后,把工作的弊病重新放回那些碰巧在他手下充当"牺牲品"的同伴肩上。

这种失却权威的权力游戏中,的确有新的品格类型产生。新出现的反讽人(oronic man)取代了之前的被驱动者。理查德·罗蒂[1]在谈到反讽时说,这是一种精神状态,人们在这种状态下"永远无法严肃认真地对待自己,因为他们总会意识到那些用来描述自己的术语可能发生改变,也会一直意识到最终产出的词汇具有偶然性和脆弱性,因而感觉自我也是如此。"[原注106]生活在弹性时间之中,缺乏权威和责任标准,对自身持有反讽态度是这一切顺理成章的结果。然而罗蒂明白,任何社会都不可能通过反讽

---

[1] 理查德·麦凯·罗蒂(Richard McKay Rorty,1931—2007),美国哲学家,新实用主义哲学的主要代表之一。

而凝聚成整体；他谈到教育时曾宣称："我无法想象有一种文化会以这样的方式让年轻人社会化，然后又让他们对自身社会化过程持续产生怀疑。"[原注107]反讽并不会激励人们挑战权力，罗蒂说，这种自我意识不会让你"更有能力征服那些针对你的力量。"[原注108]罗蒂所描述的那种反讽品格，在现代社会可能会带我们走向自我毁灭；一开始人们会认为没有什么是恒久固定的，然后觉得"我不太真实，我的需求没什么实质内容"。他们的价值得不到任何人、任何权威的认可。

团队合作的内在精神特质是悬念和反讽，与维吉尔笔下那些坚忍而英勇的农夫的道德世界相去甚远。团队工作包含的权力关系是不讲权威地行使权力。这与旧时工作伦理的道德观大相径庭。过去的道德观主张对自我负责，是极度严肃的世俗禁欲主义。那种延迟满足、通过艰苦劳动证明自己的经典工作伦理已很难再受我们青睐。但是，团队工作的假象以及伪装出的社群也不应更得我们欢心。

皮科曾经提出这样一个问题："我应该如何塑造我的生活？"无论是旧的或新的工作伦理，都无法提供满意的答案。当我们在新资本主义中追求时间和品格时，皮科确实将所有疑问都推到了这个终极问题面前。

新秩序的文化严重扰乱了自我组织。它能把弹性经验和静态的个人伦理分离，瑞科的遭遇就是如此。它可以让员工止步于简单又肤浅的劳动，不再深入理解并投入工作，就像波士顿的那群面包师一样。它可以让一次次冒险变成沮丧的练习，就像罗丝的经历那样。不可逆的改变和多重的零散活动可能会让新制度的主人感到惬意，比如达沃斯宫廷中的那些人。但这也可能会让新制度中的侍者不知所措。而新兴的团队合作特征让那些"推动者"和"过程管理者"成为主人，而他们其实并不愿与侍者有真正接触。

当我描绘这幅图景时，尽管我也写出了各种限制条件，我还是清楚意识到这可能会被看成是现在和过去的危险对比。我们可能会认为过去比较好，现在非常糟。我们都不想回到恩里克或希腊面包师那一代人的安稳之中。那种生活的前景看上去如同闭关自守；那种自我组织是非常僵化的。从更长远的角度来看，人们在现代资本主义中已经实现了个人安全感，这可以让实际需求和心理需求都得到满足。但是，这是一种代价高昂的安全感。柳树大道的工厂讲究资历和时间带来的权力，那里的工会工人被这种僵化政治支配着；在今天的市场和弹性网络中，若延续这种心态无异于自取灭亡。我们面临的问题是，在当下这个让我们漂浮不定的资本主义制度之中，我们该如何书写自己的生活史。

若想要看清组织生活叙事的困境，我们可以先探究人们在今天的资本主义中如何应对未来。

七 失败

失败是现代社会的一大禁忌。通俗文学中触目皆是成功的秘诀,但往往避而不谈如何应对失败。接受失败,详细解释失败,在个人的生活史中为失败留出一席之地,这些都可能会困扰我们的内心,但我们通常不会和他人谈及这些。与之相反,我们追求陈词滥调带来的安全感;那些声援穷人的人就是这样做的,当他们听到"我失败了"的哀叹,便会试图给出"不,你没有,你只是牺牲品"之类的回答,他们认为这样的回答具有疗愈功效。然而,我们越是害怕直接谈论事实,我们内心的痴迷和羞耻只会因而愈发加深。最后原本那句话仍然无可慰藉地在内心回荡:"我不够好。"

现如今,失败已不再只是非常贫穷或困顿的人才会普遍面临的境况,而是已成为中产阶级生活中更为熟悉的常规事件。精英阶层人数缩减,想要追逐成就变得难上加难。赢家通吃的市场结构中,人们你争我抢,导致大量受过教育的人成为输家。企业的缩减和再造都给中产阶级带来猝不及防的灾难。在早期资本主义中,这些原本只会更多地发生在工人阶级身上。很多人为了在工作中表现得具备弹性和适应性，对自身家庭产生亏欠之感。这种感觉更加微妙，但也非常强烈，困扰着瑞科的正是这种感觉。

把成功放在失败的对立面，这种做法本身就是拒绝和失败和解。这种简单的二元对立隐含着这样的意思，如果我们能证明自己的具体成就足够多，我们就不会一直被匮乏感和不适感所困扰。对于韦伯所说的被驱动者来说，情况并非如此，他会觉得不论怎样的成就都是不够的。人们通常很难通过金钱来冲淡自己的失败感，部分原因是失败可能来自更深的层次——比如无法让生活凝聚为一个整体，未能实现自己珍视之事，无法超越存在本身去真正活着。如果皮科式的旅程无尽无休又漫无目的，就会迎来失败。

第一次世界大战前夕，那个时代的人们普遍以金钱作为衡量标准，评论家沃尔特·李普曼（Walter Lippmann）对此忧心忡忡。他在一本名为《漂移与掌控》（*Drift and Mastery*）的书中思考世人这种不安的生活。他试图把判定成败的标准从物质层面转移到更为个人化的时间经验层面，把漂移且不稳定的经验和对局面的掌控对照起来。

在李普曼生活的那个年代，欧美巨型工业公司正在纷纷合并。李普曼说，每个人都知道这种资本主义的罪恶：小型公司倒闭，以公共利益为名的政府崩溃，老百姓都在被资本主义的大嘴吞噬。李普曼观察到，同时代的那些改革者有这样一个问题，他们"知道要反对什么，却不知自己想要达到怎样的目的"。[原注109]他们抱怨说群众在受苦，但无论是新生的马克思主义方案还是重新登场的个人企业，都无法提供行之有效的补救措施。马克思主义者提出需要一场翻天覆地的社会变革，个人企业家则提出了以更高的自由度来与之抗衡；以上二者都不是建立新*秩序*的良方。然而，李普曼却很确定该怎么做。

当时大量移民涌入美国，李普曼在调查中看到他们的坚定、勤奋和决心，他说出了一句令人难忘的话："我们所有人在精神上都是移民。"[原注110]李普曼在纽约下东区移民们的不懈努力中，再次看到了赫西俄德和维吉尔曾经提及的那种果敢坚毅的个人品质。让李普曼不喜的是，敏感的唯美主义者往往对资本主义怀有厌恶之情。李普曼认为，亨利·詹姆斯[1]就是其中的典型代表。詹姆斯把纽约移民看成异类，虽然他们充满活力，但他们的斗争混乱不堪，毫无秩序。[原注111]

这些移民背井离乡，正在努力创造新的生命叙事，有什么可以为他们提供指引？对李普曼来说，事业（career）就是答案。无论工作内容多么平平无奇，无论工作报酬有多微薄，如果人们不把自己的工作发展成事业，便会陷入漫无目的之中，而这种感觉则让人们体验到最深刻的匮乏感——用现代人的俚语来说，人们应该"好好享受生活"。李普曼的这个观点其实唤醒了"事业"一词最古老的含义。我在本书开头曾经这样引用，事业是一条精心开拓出来的道路。当人们面临个人失败，开辟事业生涯的道路便可作

---

[1] 亨利·詹姆斯（Henry James，1843—1916），作家。父亲老亨利·詹姆斯是著名学者，兄长威廉·詹姆斯是知名的哲学家和心理学家。詹姆斯本人长期旅居欧洲，对19世纪末美国和欧洲的上层生活有细致入微的观察。他曾经多次获得诺贝尔文学奖的提名。

为解药。

我们能把这种治疗失败的解药应用到弹性资本主义之中吗？虽然我们今天可能会把事业当成职业（profession）的同义词，但事业的一大要素就是拥有一技之长，这并不局限于职业领域，甚至也不是资产阶级所独有。历史学家爱德华·汤普森（Edward Thompson）指出，在19世纪，即使是那些最不受重视的工人也试着去把自己定义为纺织工人、金属工匠或是农夫。不论他们是从事底层工作还是失业，或是游走于不同工作之间只求糊口，他们都设法这样定义自己。[原注112] 工作中的地位不仅来自"一双手"而已。手工劳动者和维多利亚时代家庭的上层仆人使用"事业""职业"和"手艺"等词，用以确立自己工作上的地位。他们使用这些词时并不加以区分，而我们可能不会如此随意。新公司里的中产阶级员工也一样强烈地渴望工作上的地位；正如历史学家奥利维尔·尊兹（Olivier Zunz）所言，在李普曼生活的时代，在商界工作的人们首先想要把会计、销售以及管理类比成医生或工程师之类的职业，以此来提升自身职业的社会地位。[原注113]

因此，人们自古就对事业地位怀有向往。因此，发展我们品格的其实是事业而非具体职位，这个说法也是由来已久。但是，李普曼提高了"好好享受生活"的赌注。在他看来，围绕事业的生活叙事关乎我们的内心成长，需要通过技能和奋斗才能展开。"我们必须刻意地处理（生活），设计生活的社会组织，改变工具，制定方法……"[原注114] 追求事业的人明确长期的目标、专业或非专业的行为标准，并确立对自身行为的责任感。我不确定李普曼在写《漂移与掌控》时是否读过马克斯·韦伯；不过，他们二人对事业这个概念的理解存在相似之处。韦伯用的词语是 Beruf（在德语中对应"事业"一词），这个词也强调了工作作为一种叙事方式的重要性，以及品格只有通过长期的、有组织的努力才能得到发展。李普曼宣称："掌握全局意味着要用有意识的盘算去代替无意识的奋斗。"[原注115]

李普曼这一代人相信，他们正站在科学和资本主义新时代的起跑线上。他们相信，如果能合理地使用科学和技术、技能，以及更普遍意义上的专业知识，人们便能形成更为坚实的事业史叙事，从而更能牢牢掌控自己的生活。李普曼这种依靠科学来掌控个人生活的说法，与当时美国其他的进步人士、英国费边社会主义者[1][如西德尼（Sidney）和贝特丽丝·韦伯（Beatrice Webb）夫妇等人]和法国年轻的莱昂·布鲁姆（Leon Blum）非常相似，和马克斯·韦伯的说法也不谋而合。

李普曼提出了掌握全局的秘诀，其中也有一项具体的政治目的。他观察到，纽约移民想要开创自己的事业生涯，因而努力学习英语并提升自身教育水平，但他们却被纽约的高等教育机构拒之门外。这些机构当时不对犹太人和非裔美国人开放，对希腊人、意大利人和爱尔兰人也充满敌意。他呼吁建立一个更以事业为导向的社会，要求这些机

---

[1] 费边社（Fabian Society）是英国的一个社会主义团体，成立于1884年，由一群中产阶级知识分子所发起，以古罗马名将费边（Fabius）做为学社名称的来源，意即师法费边有名的渐进求胜的策略。其奉行的思想被称为费边主义（Fabianism），又称费边社会主义（Fabian Socialism）。费边社的传统重在务实的社会建设，倡导建立互助互爱的社会服务，其实质在于把资本主义社会传统的自由政治与社会主义传统的民主政治相结合，从而推行和平宪政和市政社会主义的道路。

构敞开大门,这是法国座右铭"事业向人才开放"的美国版本。

李普曼的文章蕴含着对个人和个人成就的巨大信心,而这正是皮科的梦想。在下东区的街道上,在李普曼眼中那群特殊又杰出的人身上,这个梦想得到了实现。因此,李普曼在著作中倾向于将企业资本主义和个人意志、才能放在对立面,前者好比是巨人歌利亚,后者好比是大卫。[1]

阅读李普曼的文章本身就是一种乐趣;他的叙说就像是一位诚实正直、洁身自好的爱德华时代的教师,他就像是花了很长时间站在罢工前线,或是站在一群他无法理解的人中间。然而,对近一个世纪后的我们而言,他对于事业的信仰是否仍是可行的药方?特别是,这能成为对失败的补救措施吗?可以化解漫无目标、生活分崩离析的那种失败吗?

我们所知道的官僚主义形式与李普曼或韦伯所理解的并不相同;现在的资本主义根据完全不同的生产原则行事。鉴于新资本主义短期又弹性的时间安排,我们似乎已经无法在自身劳动过程中形成持久的叙事,铺陈事业道路的可能性也因而被排除在外。但是,如果在这种情况下不能抓住延续感和目的感,那就真的是辜负了我们自己的期望。

---

[1] 歌利亚是一位非士利人勇士,以与年轻的大卫(未来的以色列国王)的战斗而著称。典故出自《圣经·旧约·撒母耳记上》第17章。大卫和歌利亚站在对立的两边,最后矮小瘦弱的大卫打败了身高两米的巨人歌利亚,是一个以弱胜强的例子。

在我和认识的一群中年程序员聚会时，我常常会想到李普曼。这群程序员最近刚被美国 IBM 公司裁员。他们在丢工作之前一直处于心满意足的状态，相信自己的事业生涯会有长远的发展。他们身为高科技程序员，仿佛理所当然要成为新兴科技的主人才对。他们是在被解雇后，才不得不试着换一些不同的诠释方法，来对这些颠覆自己生活的事件加以解释；他们找不出任何不言而喻的现成说法来解释自己的失败。然而，通过一种李普曼也许并未预见的方式，他们把自己从漫无目标的漂移中解救了出来，也的确从失败中获得了关于人生事业的某种启示。

我要首先说明他们的公司背景，因为这非常与众不同。IBM 在 1980 年代中期之前都一直在报复性地推行家长式资本主义（parental capitalism）。[原注 116]一手带动 IBM 发展的人是老托马斯·沃森（Thomas Watson），他把公司当成自己的个人领地来管理，把自己称作公司的"道德之父"。公司曾有一首老歌的歌词这样唱着："紧跟沃森先生的领导，我们不断攀升到更高之处，并让我们的 IBM，受到世人的尊重。"[原注 117]公司实行着军队化的管理，沃森对公司各方面做出的个人决定会立刻成为公司法规。他说："忠诚,让员工每天作出决定时不必劳神伤心,便能做出最佳决策。"[原注 118] IBM 在体制上和法国或意大利的国营公司类似，大多数员工都是终身雇佣的，管理层和员工之间存在一种社会契约。

1956 年，小托马斯·沃森（Thomas Watson Jr.）接替了他父亲的工作。他下放了更多权力，更善于听取意见，但那种社会契约仍然有效。IBM给员工提供绝佳的福利，包括医疗保险、教育和养老金；公司还提供高尔夫球场、托儿所和抵押贷款，以此支持员工的社会生活；最重要的是，公司提供了终身雇佣的上升阶梯。对那些希望在这里留任并不断攀升的人来说，事业生涯的所有阶段都已铺陈清楚。IBM之所以能做到以上几点，是因为它在市场上几乎已经占据垄断地位。

1980年代，因为IBM对计算机行业发展出现了严重误判，导致公司几乎彻底丢掉了对个人计算机的控制权。时至1990年代初期，IBM公司正处于风云变幻之中。小沃森已经退休，新任董事们一个个人仰马翻。1992年，IBM公司亏损惨重（六十六亿美元），然而仅在八年前，这家公司还创下过美国企业的最高利润记录。当比尔·盖茨的微软公司占据上风，事实已经证明IBM精密复杂的内部官僚机制并不能让公司良好运转。此外，IBM还面临着来自日本和美国新兴企业的激烈竞争。1993年，在新上任的董事长路易斯·格斯特纳（Louis Gerstner）的带领之下，IBM开始把自身塑造为一个具有竞争力的企业机器，公司运营同样发生了引人注目的转变。公司设法用更具弹性的组织形式来取代僵化的等级结构，并以弹性生产为导向，把更多产品更快地推入市场。

在这一次的举措中，四十万员工的终身职位是首当其冲的改革目标。起初，一些员工在公司的鼓动之下离职，然后又有更多的人被迫走人。在1993年的上半年，IBM位于纽约哈德逊河谷的三家工厂中，共有三分之一的员工被解雇。公司也尽可能地缩减了其他业务部门。新的管理层关闭了高尔夫球场和俱乐部,也终止了IBM对所在社区的支持。

IBM这次向着更精简、更弹性的方向作出了巨大转变。很多深受此次变革影响的经理和中年工程师都是我在纽约州北部的邻居。这也是我想要更多地了解其中情况的部分原因。他们年纪轻轻就被过早裁员,只能找到"顾问"之类的工作。这意味着他们工作时只能翻遍通讯录,希冀着公司之外还有哪个联络人仍记得自己的存在。这种希望往往都徒劳。有些人回到IBM公司工作,但他们只能签下短期合同,无法享受公司福利,在机构中也没有地位。在过去的四年里,无论他们是如何想方设法得以糊口,他们都不得不面对公司变革的残酷事实以及这给他们的生活带来的牵连。

河风咖啡馆坐落在我邻居旧日办公室的不远处,这是一家气氛欢快的汉堡连锁店,以前白天只有外出购物的妇女或放学后阴郁的少男少女会上门光顾。正是在这里,我听到这些身穿白衬衫、系着深色领带的男人聊天。他们一面喝着咖啡,一面像召开商业会议一般专心致志地坐在那里,想要捋清自己的历史。他们通常五七成群,坚持碰面;他们以前都在IBM做主机程序员和系统分析师。其中最健谈的是杰森,他在IBM做了近二十年的系统分析师。还有保罗,他是一名年轻的程序员,在第一次裁员潮中被杰森解雇。

1994年,我开始偶尔在接近傍晚的时间加入他们,那时除杰森之外的所有人都已被解雇一年之久。那时距离我在飞往维也纳的飞机上遇到瑞科也已经过去一年。在河风咖啡馆,这些工程师试图理清究竟发生了什么事。他们的梳理过程大致可被分为三个阶段。我最初加入讨论时,他们觉得自己是公司的被动牺牲品;但到了他们的讨论快要得出结论时,这些被裁的员工已经把注意力转移到自己的行为上。

当他们被解雇的伤口还隐隐作痛时,讨论一直围绕着IBM的"背叛"展开,好像公司把他们耍了一样。程序员们一一翻出公司过去的事件或做法,仿佛这些早就预示着后来上演的种种变动。他们回忆起了一些证据,比如某位工程师想打十八杆高尔夫球却被拒绝,或是某位首席程序员去不知名的地点旅行,而且出行原因不明。在这个阶段,这些人希望找到证据来表明他们的上司早有预谋。有了这类证据,他们感到愤怒也就合情合理。如果他们是被耍了或被背叛了,就意味着这场灾难不是他们自己的过错。

员工们那种被公司背叛的感觉,也让当时来公司的外部观察者感到实在震惊。这是一个充满戏剧性的故事,在家长式的公司里,技术高超的专业人员现在的待遇比低级文员或清洁工都好不了多少。IBM公司在这个过程中似乎也已让自己气息奄奄。1990年代中期,英国记者安东尼·桑普森(Anthony Sampson)访问了IBM公司总部,发现公司内部满是社交方面的混乱景象,全体员工毫无重整旗鼓的势头。一位管理人员承认:"现在员工的压力更大,遭遇更多家庭暴力,对精神治疗的需求也提高了——这些都和裁员直接相关。甚至IBM的内部环境也发生了根本性的变化,人们都很不安,失去了安全感。"[原注119]留下来工作的员工表现得仿佛虎口余生,觉得自己没有充分理由得以幸存。至于那些被解雇的人，一位曾是 IBM 员工的当地牧师对桑普森说："他们非常煎熬，感觉自己被背叛了……公司让我们感觉，公司亏损都是我们害的，而那些大人物却赚得盆满钵满。"

保罗·卡罗尔（Paul Carroll）在学生时代也曾研究过 IBM 的溃败。他在报道中写道，公司开始尊重个人努力，而非员工对公司的忠诚；在一次匿名的员工士气调查中，有人对公司这项新做法做出了回应："什么尊重？……IBM 是一家非常表里不一的公司，在公开声明中冠冕堂皇地说要尊重、真诚、体察他人，在公司较下层的管理中却是推行压迫和歧视。"一位管理层的顾问曾经直截了当地说："员工对公司的忠诚度早已消亡。"[原注 120] 而在经历过同样历程的姐妹公司 AT&T，套用一位高管的话来说，公司里存在着"一种恐惧的气氛。大家过去也会恐惧，但当他们削减了四万个工作岗位后，谁在这个当头还敢对上级提出批评？"[原注 121]

但在河风咖啡馆中，这些第一反应并未维持多久。程序员们发现，公司有预谋的背叛是一种站不住脚的解释。首先，在 IBM 公司重组初期解雇他们的上级员工里，许多人后来自己也被解雇了；就像杰森一样，你现在也可以在河风咖啡馆找到他们。此外，因为 IBM 在 1980 年代到 1990 年代初期的确表现不佳，这些并不乐观的事实在年度资产负债表中都一目了然；往日企业文化运转不良，这些大家都有目共睹，并未讳莫如深。

最重要的是，这些程序员也都是理智的成年人。他们开始明白，无论是否存在预谋，背叛的理论都把上司变成了简笔画中的恶棍形象。当保罗第四次或第五次提到首席程序员的神秘行程时，同桌的其他人终于开始群起而攻之。"拜托，"杰森说，"你知道他是个正人君子。他很可能只是在看望女朋友罢了。没有人知道后来会发生裁员。"其他人对这一看法也开始表示赞成。这种共识的效果是，他们了解到了 IBM 公司所面临的巨大障碍，而背后的弊病在事实中比想象中更加实实在在。

因此，他们在第二阶段的解释中专注于寻找外部原因来顶罪。在河风咖啡馆，他们现在把"全球经济"视作自身不幸的根源，特别是在雇用外国员工方面。IBM 已经开始把一些编程工作"外包"给身在印度的员工，而他们拿到的工资只是美国员工的一小部分。公司付给这些外国专业人员的工资非常低廉，这也被认为是公司遣散美国员工的原因之一。更令人惊讶的是，印度人进入公司的通信网络，就像他们进入美国的移民港口埃利斯岛一样，因为印度员工写的代码抵达主管办公桌的速度就跟公司内部发出的一样快。（在这方面，杰森还告诉我一个相当矛盾的现象。他从自己那波裁员中的幸存者那里了解到，这家高科技公司的员工很少在网络上发表评判或批评；他们可不想留下任何蛛丝马迹，以免将来被追究责任。）

美国的本地员工兢兢业业，而外国人却在逐步破坏他们的努力。这是一种深入骨髓的恐惧。在 19 世纪，好像正是那些穷困潦倒又没有技能的移民劳工抢走了工作，因为他们愿意接受较低的薪酬。今天，经济全球化又成功唤醒了这种古老的恐惧，但是美国国内倍感威胁的不只是那些没有技能的人，被卷入全球劳动力市场变迁的中产阶级和专业人士也一样在劫难逃。例如，许多美国医生认为，美国已经涌入大量来自第三世界国家的"廉价医生"，这是他们的岗位受到保险公司和医疗保健公司威胁的原因之一。莱斯特·瑟罗（Lester Thurow）这样的经济学家试图把这种威胁归纳形成概念，他认为工作转移到世界各地的低工资区域，会把美国等发达经济体的工资也连带拉低。理性上来讲，这种针对全球劳动力市场的恐惧还有待商榷；例如，保罗·克鲁格曼指出，美国的国民总收入中，来自世界其他区域低工资经济体的只有2%。但是，人们还是认为外部威胁造成了个人岗位的危机，这种信念无视事实根据，但却根深蒂固。

例如，这个"保护主义"讨论阶段持续了好几个月，期间咖啡馆的人们一直想把来自国外的影响和美国"外来人口"接管公司这两件事画等号，他们想以此为理由来解释自己的失败，他们反复提及IBM新总裁路易斯·格斯特纳的犹太人身份。不幸的是，这个阶段恰逢1994年的选举；其中几个人就把选票投给了极为激进的右翼候选人，若是在更为安稳的世代，他们应该会觉得这种做法相当荒唐。

然而，他们共同达成的解释又一次变得站不住脚。当这些员工第一次开始讨论自己的事业，特别是他们的专业价值时，讨论出现了转折点。他们认为外来人口背信弃义的说法也不再可信。这些程序员既是科学家又是工程师，他们相信数字全球通信等技术发展有其价值，也认可印度员工的工作质量。

他们的这种认可不只是抽象地向专业标准表达崇敬之

情。这些人能够聚在一起交谈，这个事实本身就意义重大。这些程序员曾经谈论印度人破坏行业薪资以及 IBM 的犹太总裁暗藏阴谋诡计，他们在这个讨论的阶段几乎不会分享自己的工作内容。大家围桌交谈时经常出现一阵阵沉默；公司内部的背叛以及来自外部的伤害，这些话题让他们的谈话局限在发发牢骚的范畴。把焦点放在外部敌人身上，确实让这些程序员显得没有专业水准。他们的这个诠释版本只顾提及他人的行为，讨论其他地方不为人知、不为人见的事情；这些工程师沦为全球经济力量中处于被动地位的行为主体。

吉姆是这群 IBM 员工中最年长的一个，因此他要重建自己的生活更是难乎其难。他对我说："你懂的，在朝鲜战争期间，我想，'我只是一个掉进泥沼里的无名小卒罢了，我什么也不是'。但在 IBM 公司，我发现自己变得更像个无名小辈。"随着解释进入到第三阶段，保罗原本一度怀疑上司偷偷旅行且背信弃义，此时却忽然转而攻击自己原本钦佩的吉姆。他提醒吉姆，他们不只是在 IBM 公司消耗时光而已。当然，他们以前非常相信公司，但更重要的是，正如保罗所说，"我们热爱这份工作"。吉姆对此的回答是："这很对。我仍然喜欢做这份工作——如果我还有工作机会的话。"于是，大家说话的方式开始逐渐变得不一样了。

第三阶段的解释让他们多少恢复了作为程序员的完整感，但是代价也很高。现在谈话重点转向了高科技工作的发展历程、近年来突飞猛进的增长、面临工业和科学挑战所需的技能。当他们放下执着，不再谈论自己如何被别人伤害时，他们在咖啡馆的谈话内容也发生了一些变化。程序员们开始专注地讨论这个专业领域，以及他们个人在自己早期的职业生涯中可以做点什么或是应该做点什么，来防止跌入目前的困境。在第三阶段，事业的话题终于出现，这里说的是李普曼所想象的那种事业生涯。个人意愿、个人选择、职业标准、工作叙事，这些问题都一一浮现出来。但他们提到事业生涯的时候，主要是在谈论失败，而非如何掌控。

这些讨论确实都基于一项事实，那就是当个人电脑行业迅速发展时，IBM 却一直致力于生产大型电脑主机；这里的大多数程序员都是做大型主机的。他们开始责备自己以前太过依赖公司，过于相信企业文化所承诺的前景，而且未能创造出属于自己的事业生涯。"责备"一词可能暗含着内疚之意。不过我并没有在讨论中听到他们表达内疚，至少不是那种夸夸其谈、自怨自艾的内疚。他们谈论的是大型电脑主机、计算机工作站、Java 带来的可能性、电脑带宽的问题——以及自我的问题。在第三阶段的讨论中，这群失业者还谈及十年或十二年前进入个人电脑领域的人有何种成功经验，他们往往是冒险进入一些小微企业工作；他们还提到了那些预见到互联网发展潜力的人。这些就是河风咖啡馆的程序员们认为自己当初该做的事。他们应该像硅谷的年轻小伙一样成为创业家，那里是小型技术公司的摇篮。

"我们有这样的例子，"互联网专家金有一天宣称，"我们知道（西）海岸正在发生的每件事，但我们什么也没做。"其他人都点头同意，除了吉姆，他提到了筹集资金的问题。"胡说八道,"金回答,"这个行业不是关于今天,而是关于未来可能发生的事情。你有预见性就能赚到钱。"在过去,IBM内部出现重大失误,因为渴望弹性而进行公司重组,印度程序员的入场预示着全球劳动力市场的到来——以上种种,现在都被重新解释为某种信号,表明他们是时候走出去了。他们当初应该去冒险的。

在最后一年的讨论中,发生在IBM和这些人身上的故事就在这里画上句点。我注意到,最后这个诠释版本也和邻居们在社区中的行为变化相呼应。他们以前是市镇上的议员或学校的董事会成员,现在他们已经不再热衷于追求这些职位。他们并不是害怕在社区里面上无光,因为我们镇上有相当多的人都被IBM解雇,有些店主或商人也在动荡形势中陷入经济的困顿。现在这些人只是纯粹对公共事务丧失了兴趣。

这些人的确还保持着一种社区参与的形式,而且比之前其他形式还更加热情满满,那就是作为当地教会的成员或管理执事。这对他们很重要,因为他们与其他教会成员保持人际交往。这里地处郊区,和其他地方一样,基督教的基要教派和福音派一直在急速发展壮大。保罗是这群人中最年轻的一位,他告诉我:"我在基督里获得重生之后,我变得更大度包容,不再那么力争上游。"如果说,我的邻居们已经开始全权书写自己的生活史,这种道德表现开始让他们的行为朝着某个特定方向发展;他们已经转向自己的内心。

如果让一位来自硅谷的成功企业家看完这些记录,可能会这样给出评论："这恰恰就说明，他们应该更敢于冒险才是。一旦他们了解现代职业生涯的本质，他们就知道每个人都应该对自己负责，而他们当初没能行动起来。"当然，这样的严厉判断基于一个假设，那就是这些程序员都具有远见卓识。即便如此，河风咖啡馆里的讨论也可以只被看作一个警世故事，说明当今社会的职业生涯已经越来越不堪一击。

但如果我们就此打住，就会忽略这些人真正牵涉其中的任务——他们需要直面自己的失败，根据他们自身品格来理解失败。在米歇尔·福柯去世前不久的一次访谈中，这位哲学家向采访者抛出这样一个问题：一个人应该如何"掌管自身"？

一个人应该如何展开行动，才能掌管自身？如何让自己是行为的对象、行为的应用范畴、行为的求助工具以及行为的主体？[原注122]

这些程序员必须找到方法来面对失败和自我受限的现实，才能回答这个问题。他们努力寻找解释，这也符合李普曼提到的"掌控"精神，其内涵是不再被动或盲目地忍受变化。当然，他们采取的行动不过就是相互交谈，但这仍是真正意义上的行动。他们打破了失败的禁忌，公开地直抒己见。因此，我们需要了解他们谈话的方式，这至关重要。

这些人试着说出了三个版本的故事。这三个版本都围绕着一个关键转折点而展开；第一个版本的转折点出现在当前管理层开始背叛专业人士的时候，第二个版本的转折则是外来入侵者进场的时候，第三个则是程序员未能及时脱身的时候。这三个故事里，没有哪个是从老托马斯·沃森的时代就开始的故事，也并不以漫长而缓步推进的个人灾难叙事形式出现。

围绕某个突然的、关键的转变时刻来塑造叙事，这自然是小说和自传的惯用手法。例如，让-雅克·卢梭在《忏悔录》中提到，他小时候曾受朗贝尔小姐的鞭打，他说："谁会料到，一个八岁的孩子在一位三十岁女子手上受到这种孩子气的责打，竟会决定我今后一生的品位、欲念、激情，以及我的自我呢？"[原注123]尽管他内心充满了狂野的转变，这个变化的标志还是帮助卢梭为自己的生活史描绘出了形状，正如他宣称的："有时我全然不像自己，我甚至可能会被认作另一个性格完全相反的人。"[原注124]这种对关键时刻的运用是一种叙述惯例，能把变化阐述得清晰易懂，而不只是混乱、盲目或自发的骚动。后一种变化也曾出现在歌德的自传中。当歌德决定抛下过去的生活时，他这样评价自己："他要去哪里，谁知道呢？他几乎都不记得自己的来处了！"[原注125]

这些程序员沿袭了卢梭给出定义的惯例，通过弄清楚某些转折时刻来理解自己事业生涯的成型过程。他们的讨论当然不是三个整齐又精良的章节；轻快的闲聊话题必然不断来回变化，又交织在一起。但前两个版本中充斥着恼人的事实，让他们顾不上提及那些决定性的事件。基于他们对 IBM 真实状况的了解，第一个版本已经不攻自破；出于他们对技术进步的坚定信念以及自身的职业素质，第二个版本也站不住脚。然而，第三个版本的故事则让这些聊天的人重新获得叙述的自由。现在，故事可以这样流动起来：故事有个坚实的中心，也就是"我"；还有一个精心制作的情节，也就是"我当初应该把生活掌握在自己手中"。当程序员从被动的受害者状态转换到更为主动的状态，这个分水岭一般的时刻就出现了。现在他们自身的行为对故事的发展举足轻重。被解雇已不再是故事第三个版本的关键事件；关键的是，他们本该在 1984 年或 1985 年采取行动。那个决定性的时刻现在成了他们自己肩负的责任。只有做出这种转变，他们才能开始面对自己在事业生涯中栽跟头的这个事实。

失败总被种种禁忌环绕。这意味着，失败通常是一种令人深感困惑又定义不明的经历。一次迎面而来的强烈打击并不算失败。人类学家凯瑟琳·纽曼曾经研究向下层阶级流动的中产阶级。她在这项出色的研究中观察到，"尽管产生的结果多种多样，但管理层的向下流动往往会让情况变得漂浮不定又模棱两可，而且难以觉察"。她说，这些主管向下层移动的时候，"他们首先会发现自己并没有自己想象的那么好，最终逐渐变得不确定自己是谁，是怎样一个人"。[原注 126] 至于河风咖啡馆的这些人，他们最终得以把自己从这种主观的模糊性中解救出来。

从失败中导出这种叙述，看起来很武断。尼采在《查拉图斯特拉如是说》中说，普通人只能愤怒地旁观着过去，没有能力"通过意志让时间倒退"。[原注 127] 然而，这些程序员现在不能只作为过去的愤怒旁观者而生活下去，他们也的确因此在时间的流动中扭转了自己的意志。随着叙述发生演变，河风咖啡馆的人们改变了说话的语气，他们终于不再像是家长式公司里的小孩子——他们不再视掌权者为处心积虑的恶魔，也不再认为把他们取而代之的孟买员工是非法入侵者。从这些方面来看，他们对于事情的解释变得更加符合实际。

李普曼认为，内心漫无目标的漂泊感具有腐蚀性。上述叙事形式如何打破这种漂泊之感？我们不妨考虑一下，还存在另一种可能更适合当下环境的叙事方式。小说家萨尔曼·拉什迪（Salman Rushdie）断言，现代人的自我是"一栋摇摇欲坠的摩天大厦，我们用碎片、教条、童年阴影、报纸文章、随机言论、往日电影、微小的胜利、憎恶之人、深爱之人建起这栋大楼"。[原注128]对他来说，生活的叙事就像一幅拼贴画，由偶然事件、意外发现和即兴发挥组合而成。哲学家齐格蒙·鲍曼（Zygmunt Bauman）和神学家马克·泰勒（Mark Taylor）的著作中，也同样出现对这种断裂状态的强调；他们赞颂乔伊斯或卡尔维诺之类的小说家，因为他们努力颠覆精心设计的情节，以此来呈现日常经验的流动。[原注129]心灵处于无穷无尽的变化之中，这是一种永远无法完成的自我。在这种情况下，我们不可能获得整体连贯的生活叙事，我们也不可能在哪个变化的瞬间就豁然开朗，醍醐灌顶。

这种叙事观点有时被称为"后现代"。这也确实反映了现代政治经济学中的时间经验。一种适应力很强的自我，一幅由碎片不断生成的拼贴画，对新的体验保持开放的态度——这些心理状态恰恰适合短期的工作经验、弹性的机构和持续冒险的生活。但是，如果你认为所有的生活历史都只是把碎片拼接在一起,那么你就不太能理解职业之路为何戛然而止。如果失败不过是又一起偶然事件,你想要缓解失败的严重性和痛苦也无从下手。

在程序员这个专业的环境中,叙事时间的碎片化尤为明显。在《比特之城》(*City of Bits*)中,建筑师威廉·米切尔(William Mitchell)把网络空间描述为"一座在地球表面任何地点都没有特定地基的城市……里面的居民都没有实体,而且支离破碎,他们只是以一个个别名和代理的合体形式而存在"。[原注130]根据技术分析师雪莉·特克尔(Sherry Turkle)描述,一个年轻人这样告诉她:"当我从一个窗口切换到另一个窗口时,就好像我只是打开了一部分思想,然后再打开另一部分。在这个视窗中,我可能是在和人争论,在另一个窗口中,我可能在试图跟一个女孩搭讪……在另一个窗口中,我可能是在运行电子表格的程序。"[原注131]詹明信(Fredric Jameson)谈到过现代人经验中"各种元素不断旋转"的场景,屏幕上的窗口不断切换时就是如此。[原注132]

在谈话的过程中,程序员们找回了屏幕上所缺乏的那种连贯性。他们的叙述的确看起来是前—后现代的(pre-postmodern),因为他们追求连贯性,也追求稳定的作者,也就是"我"。我们可以套用另一种时髦的说法——他们的故事是一种抵抗的叙述。但是,在道德范围内来看,他们谈话所导向的结局则更为深刻。

到了讨论的最后,程序员们的说话语气更有点听天由命的意味,他们已不再因为自己"过气了"而心怀愤懑,虽然他们当时的身体状况其实正值巅峰。在第三个版本的故事里，这些人因为自己再也无需挣扎而松了口气，他们感到一种根植在生活中的疲惫，许多中年人都会因此而深感沮丧。任何一个深尝过失败滋味的人都明白这种冲动：在希望和欲望都已破灭的情况下，若想要忍受失败，保留自己积极的声音是唯一方法。仅仅宣布自己有忍耐的意愿，还远远不够。瑞科储备了很多指导性原则，并且有很多毫无异议的建议可以说给自己听，但这些秘方并不能治愈他的恐惧。程序员们给自己的建议包括"我早就应该知道……"和"如果当成……就好了"之类的措辞。这种用语带着几分认命的色彩，而其中也不乏解脱之感。认命也正是承认了客观现实的重要性。

因此，他们的叙述其实是一种自我修复的尝试。一般来说，叙事是通过结构来达到治疗效果，而非通过提出建议。即使是伟大的寓言，即使是约翰·班扬的《天路历程》这样一本正经的道德说教，也不会止步于只向读者展示如何行动。例如，班扬把邪恶的诱惑描绘得如此复杂，是为了让读者领会到书中人物克里斯蒂安所处的困境，而不是想让读者去模仿他的解决方案。叙事之所以有治愈效果，正是因为其中包含了困难的成分。创造叙事带来的治愈功能并不局限于那些以"正确"方式出现的事件，与之相反的是，优秀的叙述者会承认现实生活中可能出现的各种错误方式，然后展开探索。长篇小说的读者和戏剧的观众能看到人物和事件符合时间模式的发展，他们也能从中体验到一种特别的抚慰；叙事的"道德"在于形式，而非忠告。

最后我们可以说，这些人已经面对了过去的失败，也阐明过自己在事业方面的价值，但仍然找不到前进的道路。在弹性又碎片化的当今社会，我们似乎只能对业已发生的事情做出连贯叙述，而不可能创造预测性叙述来谈论将要发生的事情。河风咖啡馆的这群人现在已经不再积极参与当地的社区事务，这似乎只是进一步证实了叙述多采用过去时这一点。弹性制度似乎会导致一种让人始终处于"恢复过程"的品格结构。

讽刺的是，这恰恰就像是大卫在对抗着弹性制度这个巨人歌利亚。这些程序员就像是李普曼所钦佩的那种人，他们找到了互相讨论失败的方式，从而找到了更连贯的自我感和时间感。虽然这种个人的力量值得我们钦佩，但他们最终都转向内在自我和亲密关系，这也说明他们获得的连贯性具有局限性。在现代资本主义中，越来越多的人注定会失败，而他们需要的是更强烈的社群意识和更完满的品格意识。

八　危险的代词

至于如何应对新资本主义的问题，我曾经听到过这样一条最具说服力的实际建议，就是把焦点放在资本主义运作的场所上。现代企业喜欢打出不受地点限制的旗号；一家企业可能在墨西哥设有工厂，在孟买设有办公室，在曼哈顿下城区又有媒体中心——这些看起来只是全球网络上的节点罢了。如今无论是小地方、大城市还是一个国家，都不太敢行使主管权。它们害怕，如果征税或是限制企业立即解雇员工的权力，这个公司可以轻而易举地在网络中找到另一个岛屿。如果不能在墨西哥办厂，那就迁到加拿大；如果不能在曼哈顿设置办公室，那就移到波士顿。IBM 解雇程序员的决定给这些公民的工作生活带来了巨大打击，但是哈德逊河谷的许多地区都不敢挑战这家公司。他们担心这会让 IBM 一怒之下彻底撤离。

不过也已经有迹象表明，现在的经济活动并不像我们预想的那样不在乎地点，就像你可以在艾奥瓦州的迪比克购买任何自选的股票，但你没法在玉米地里开个股票市场。事实上，IBM 已经过于依赖它的供应和分销网络，也深深扎根于纽约市周边的金融活动，因而根本无法轻易逃往国外。政治经济学家萨斯基雅·萨森曾经观察到，全球经济并非在外太空飘浮。东南亚是全球最具弹性的劳动力市场，即使在那里也可以清楚看到，当地的社会文化地理环境对于特定的投资决策有着举足轻重的影响。[原注133]每个地点本身都有力量，而这正是新型经济制度的掣肘。

如何挑战新型资本主义才更有效？是从外部着手？是在其运作的地方切入？还是从内部改革运作方式？前文提到的弹性制度有三个结构层面：企业机构重塑的不连贯性、生产的弹性专业化、散点状的集权化。企业重塑的不连贯性也许会带来一系列破坏性后果，若要从外部对其进行遏制，看起来的确是可行的，例如可以限制企业裁员的规模。但要从外部来对其他方面做出规范就比较困难。而且，仅仅只靠限制也是错误的做法。

若想从外部控制新型资本主义的运作，必须有不同的理论基础，而且必须提出这样几个问题：公司对社会存在何种价值？公司如何为公民的利益服务，而不是只顾自身的账目盈亏？从外部施加的行为标准往往会给企业内部带来变革；正是因为网络世界是如此变化无测，如此反复无常，外部对于责任的行为标准可能会让公司明白"应该像什么样子，正处于什么阶段，当下是什么状态"。然而，让企业成为一个更好的"公民"，这个目标尽管值得，但也存在局限性。例如，波士顿面包店新任老板罗德尼·埃弗茨的所作所为的确像是一位好公民，他和全体员工分享利润，曾经试图教同事们烘焙却未能成功，他每周有一天不上班，专门去当地的技术学校教烘焙课。然而，面包店内部这种公民式的善意行为却没有什么效果，既没有让员工们更投入地工作，也没有加强他们的工作认同感。

地点指的是地理意义上的位置，也含有政治位置之意；而社群这个概念则包括一个地点的社会层面和个人层面。当人们使用"我们"这个代词的时候，一个地点就变成一个社群。站在"我们"的角度说话，需要一种特殊的归属感，虽然不一定是和地点相关；当一个国家的人民把共同的信仰和价值观转化为具体的日常实践，一个国家就可以成为一个社群。卢梭是第一个理解这点的现代作家，他知道这些日常生活的仪式正是政治运作得以建立的基石，他也理解政治在多大程度上取决于社群里的"我们"。现代资本主义还带来一个无心插柳的后果，即更加强调了地点的价值，唤起了人们对社群的渴望。我们在工作场所曾经探讨种种情感状况：弹性制度的不确定性，缺乏深厚的信任感和托付感，团队合作的浅薄特性等。还有最重要的一点，就是害怕有生之年无法有所作为，害怕无法通过工作"享受生活"。这些都激发了我们对社群的渴望。所有这些情感状况都促使人们去其他地方寻找归属感和更深度的情感。

在今天的新型时间体制之下，"我们"这个用语已经成了一种自我保护行为。人们对社区的渴望带有防御的特性，常常表现为对移民或其他外来者的抗拒之情。他们认为最重要的社区建筑是能对抗邪恶经济制度的高墙。当然，"我们"这个用语也可以用来抵抗混乱和错位，这几乎已经成为一条放之四海皆准的规律。目前的政治正是基于这种想要避难的诉求，针对的是弱势群体，也就是那些在全球劳动力市场上循环往复的人们。它并不针对强者，也就是那些让贫困员工连轴转、利用他们的匮乏感的企业。正如我们所见，IBM 的程序员们最终心理上都开始向内转，但从一个重要层面来看，当他们已经不再指责印度同事和犹太裔的总裁时，他们便已经超越这种防御性的社群意识了。

若把"我们"用作对抗外部世界的参考点，这个定位往往是错误的。瑞科对于这种错误定位的两方面都非常了解。首先，他每次搬家时都会观察自己的邻居，注意到邻里之间交情很淡薄；另一方面，当他每一次入住一处郊区的"卧室社区"时，他都要重新开始，这些地方的人们每隔三四年就会来了又走。而他自己对于"我们"这个词的理解，若以社区标准和家庭价值的语言来表达，则依然是一个停滞的抽象概念。他过去对这个概念的内涵深恶痛绝，现在也依然无法对其身体力行。"我们"在很大程度上掩盖了一个国家中不合群的民族群体，也会遮蔽那些关于内部冲突的历史。现在，这个虚构的"我们"又一次死而复生，为的是抵御活力满满的新型资本主义。

对于这一切，我们也可以用这个危险的代词来展开更多追本溯源的积极探索。就拿"共同的命运"（a shared fate）这个词组的两个要素为例，我们需要哪些"共同"事物才能抵制新型的政治经济体，而不是对其退避三舍？使用"我们"一词时，其中包含的长久个人关系又是怎样的？

社会纽带（social bond）主要来自人与人之间相互依

赖的感觉。目前新秩序的所有法则都把依赖他人视为耻辱：它抨击僵化的官僚等级制度，是为了让人们从结构上摆脱依赖；鼓励冒险是为了实现自我主张，而不是屈从眼下的现成条件。在现代企业中，"奉献"（service）是毫无荣誉可言的——这个词只会让人联想到那些坐等退休的员工的最后庇护所。约翰·科特将咨询行业视为弹性商业行为的巅峰，他认为咨询顾问对任何人都不必欠下什么人情债。然而，这些把依赖视为耻辱的否定意见并没能让人们彼此之间的共同纽带变得更有力。

这种以依赖为耻的态度不只是心理上的偏见而已。最早对福利国家展开抨击的是秉行新自由主义的"英美模式"，现在这种态度已经蔓延到其他更偏向"莱茵河模式"的政治经济体中。持有这种态度的人怀疑那些依赖国家的人只是社会寄生虫，而不是真正的无依无靠。他们的理由是要给政治经济松绑，仿佛那些寄生虫会给更有活力的社会成员拖后腿，但这也反过来破坏了福利系统和政府津贴。他们对那些需要按照指示行事的员工表达出了轻蔑和不满，认为他们不会自己采取主动。这样的态度至少透露出他们认为生产组织内部也深藏着社会寄生虫。在职场上，社会寄生虫的这种意识形态都是强有力的纪律工具，工人都想要证明自己不是靠别人的劳动来维持生计。

若要以一种更积极的观点来看待依赖，首先便要挑战人们把依赖和独立对立起来的普遍看法。我们几乎不假思索地接受了这样的对立：软弱的自我才会依赖，强大的自我便会独立。但这样的对立只不过把真实情况变得扁平，就像人们把成功和失败放在一起对比一样。心理学家约翰·鲍比（John Bowlby）观察到："真正自立的人绝对没有文化刻板印象所认为的那么独立。"在成年之后的生活中，一个"健康而自立的人"有能力"在需要的时候依赖他人，并且知道依赖谁比较合适"。[原注134]在亲密关系中，害怕依赖他人便是不信任对方；与之相反，这会导致我们被自己的防备之心主宰局面。

同样的，在许多社会里，弱者需要强者帮助。这些地方的人们并不认为公然的依赖是一种羞耻。古罗马的食客认为，向赞助人寻求恩惠或帮助是理所当然的事，如果赞助人不能照顾依赖自己的人，就会面上无光。路易·杜蒙（Louis Dumont）和土居健郎也曾记录印度和日本的社会情况，依附关系均不带有自我贬低的意味。[原注135]赫希曼也已经表明，早期资本主义阶段中，在公开承认彼此的依赖关系之后，商业关系中才会产生信任——这种相互依赖和强弱之间的荣誉关系不太一样，但也已经承认每个人无法都只靠自己。雅克·萨瓦里（Jacques Savary）曾在17世纪出版的《完美的协商》（Le parfait négotiant）一书中宣称，上天的旨意是"人们彼此贸易，让他们有互帮互助的需求，这能让人们搭建起友谊的桥梁"。[原注136]而在商人承认他们相互需要之后，一个世纪之后的孟德斯鸠观察到："商业贸易……优化并软化了那些野蛮的行事方式。"[原注137]

当然，相互需要也制约着现代商业交易；如果彼此之间没有需要，就不会存在贸易交换。而对大多数人来说，这种需求并不平衡，因为现代劳动力市场中，大多数人都是为别人效力。新制度并没有消除这种依赖背后的残酷事实；例如，在过去的四十年里，美国全职自雇人士的占比一直稳定在 8.5% 左右。

大部分人会在突如其来的惨败之后认识到，从长远来看，他们光靠个人努力还不够。IBM 程序员的经历中，最让人印象深刻的一点便是他们终于开始能够坦然谈论失败，并不会内疚或羞愧。但要达到这样的效果，则需要有其他成员在场，并让每个人都能和其他成员更亲近。他们的成就是最后他们达到的那种状态，既不会因为需要彼此而感到羞耻，也不会因为自身不足而愧疚。我们用"成就"这个词来形容它应该并不为过。

在宗教伦理领域，我们也许能找到更多关于自我限制和相互依赖的积极观点，在政治经济学领域则不然。但若对依赖感到羞耻，则会带来现实的后果。人与人之间的信任和承诺将会被侵蚀，如果缺乏这些社会纽带，任何集体性企业的运作都会变得危机四伏。

难以相信他人有两种形式：第一种情况是纯粹缺乏信任，另一种则是更为活跃地怀疑他人。我们已经看到，当人们了解到自己可以信赖哪些人时，信任纽带就会以随意的方式在官僚机构的裂缝和缺口中发展。如果出现了问题，人们又急需帮助，信任纽带会遭受考验。波士顿的面包师们如此缺乏凝聚力的原因之一，就是机器发生故障时他们完全束手无策。面包师们认为他们无法在危机中依靠彼此，而这个观点正是事实。他们都对机器缺乏了解；人们按照弹性的时间表在店里来了又走；他们还兼有其他工作，承担着其他职责。他们并没有相互猜疑，而是缺乏信任；店里没有任何信任基础。行使权力的弹性方式也可能造成信任缺失。安东尼·桑普森曾经指出，IBM在裁员的那几年里告诉人们，他们现在是独立状态，不再是公司的孩子，这种表达方式让那些留任员工也开始丧失对公司的信任。这也是在发出一条强有力的复杂信号：我们在危机中需要齐心协力地工作；另一方面，如果你不能好自为之，我们也不是没你不行。

当人们因为自己需要别人帮助而感到羞耻，就更有可能明确地抛弃对他人的信任。罗丝当时对广告公司的其他年轻女性也怀有一种深刻的矛盾心理，我们可以以此为例。她去上城区工作的经历引发了一场年龄危机，从她对自己的穿着打扮甚至眼镜形状的感受就可以看出这一点。她不仅为自己的外貌感到羞耻，也同样为自己需要安慰这个事实感到羞耻；她需要年轻女同事给她安慰，但当她们给出肯定回答时，罗丝却又不相信她们。在我和她聊天的那几个月里，她一次又一次地提到这些年轻女同事"施舍般的态度"；她最关注的是自己是否能真正相信她们的话，以及她们对待自己的方式，她甚至没有那么担心团队"推动者"的态度，他在她眼里不过是一个光鲜的笑话罢了。

我们也可以说这只是个人自尊心受伤的问题，但我并不这么认为。人们现在讨论到福利需求、政府津贴和安全网络时，总会用到一种尖刻语气暗示对方是寄生虫，对方闻之则会羞愤难平。一个人越对自己的依赖和自我局限感到可耻，就越容易陷入这种受辱的愤怒。恢复对他人的信任是一种反射行为，首先必须不那么害怕自身的脆弱才可以做到。但这种反射行为也有特定的社会背景。推崇独立和自主的企业不仅无法激励员工，反而可能引发这种脆弱感。若社会结构不能在危机中积极鼓励人们相互扶持，只会让人们更加感觉事不关己，信任感将会进一步流失。

"信任""共同责任"和"承诺"，都被认为是"社群主义"（communitarianism）[1] 运动包含的关键词，其目的是加强道德标准，要求人们为他人做出牺牲，并向人们承诺，如果人们遵守共同标准，就会互相汲取力量，获得情感上的满足。他们如果只是作为孤立的个体，则无法体验到这一切。在我看来，社群主义所提倡的信任或承诺其实非常暧昧不明；它强调团结是社群力量的源泉，而且担心社群冲突会导致社会纽带崩裂，而这两点都不见得正确。

关于社区如何维系问题，我们在刘易斯·科塞（Lewis Coser）的经典文章《社会冲突的功能》（*The Functions of Social Conflict*）中能找到更为实际的看法。[原注138] 科塞认为，相较于口头赞同尤其是立即赞同，口头冲突反而能让人们更紧密地联系在一起。人们在冲突中必须更加努力沟通，这经常发生在劳工或外交的谈判中，基本的交战规则将争论双方逐步拉近。科塞说，尽管双方最终能够达成协议，但彼此的意见分歧往往会更加尖锐明晰地凸显出来，而即使人们会更加敏锐地意识到彼此的分歧，但能够学会

---

[1] 社群主义（Communitarianism）是一种提倡民主却与个人主义、自由主义对立的政治哲学，又译作社区主义、共同体主义、合作主义等。社群主义强调个人与群体之间的联系。这种信念来源于认为自我、社会认同、人格等概念都是由社群建构的，与个人主义的观点有很大分歧。尽管社群可以小到以一个家庭为单位，但社群主义经常在更广大的视角下被理解：拥有共同利益、历史文化、居住地理区域的不同人群的互动。

如何倾听并且回应对方,则会让冲突现场变成一个社群。

现代社群主义中经常出现肤浅的共同价值观,瑞科曾经宣称的那种家庭价值观也是停滞不前的。相比之下,上述这种对于社群"我们"的看法要深刻得多。今天人们面对经济失序时,往往会防御性地声称社群非常团结;这种团结和内部矛盾能够带来的纽带差别很大。在科塞看来,若不能在社群内部承认差异的存在,那么社群就只是徒有其表。例如,团队工作不会承认特权和权力之间有何差异,结构松散的社群也会如此;人们往往假定工作团队的所有成员都有一个共同动机,而这种假设恰恰削弱了真正的沟通。若想让人与人之间的联系变得更加坚固,就必须在时间推移之中积极处理彼此的差异。瑞科在生活过的每个地方都只有很短暂的居住时间,所以无法体验到这种社群。

后现代主义关于自我的观点可以以拉什迪为例,他强调断裂和冲突,以及自我碎片化的人们如何沟通。对社群的形成过程的讨论,更大程度上是出现在当前对审议式民主[1]的政治研究中,以艾米·古特曼(Amy Gutmann)和丹尼斯·汤普森(Dennis Thompson)的作品为代表。他们在作品中指出,如果针对分歧的表达方式能不断改进,其实比单纯宣称"正确"要更能凝聚人心。[原注139]在社会心理学中,在社群形成的过程中,往往会映照出认知的偏见以及共同关注的焦点;在一个社群中,人们的密切关

---

[1] 审议式民主(deliberative democracy),又称商讨式民主、协商民主、商议民主,指称公民就一项政策或议题,经过深思熟虑后,与不同意见者进行理性对话,在相互推理、辩论和论争后,得出共同可以接受的意见的一种民主形式,以讨论和协商为核心。

注点总是共通的。这种社群观又奇怪地反映出了亚当·斯密抨击常规化工作又推崇同情心的特点。常规是一种重复劳动，因此没有历史根基，也没有发生演变；亚当·斯密说，同情心是你忽然理解别人时迸发出的情感，这种情感也许不会立即现身，只有在很长时间的抵触和误解之后才会出现。

对社群的理解是随着时间逐步展开的。狄德罗的《百科全书》中也可以找到这种看法，尽管安格雷造纸厂并不是充满冲突的场所。狄德罗曾在那本书中颂扬时间的韵律，后来安东尼·吉登斯在关于习惯的著作中也对其表示了肯定。这种时间的韵律强调，渐进式演变是一种文明的变化形式。在研究争端和对抗的社会学家看来，持续的语言冲突并不是不文明的；相反，这能让权力不平等或利益不同的人之间联系在一起，为这种连接打下更为实际的基础。

看上去，这种充满冲突的社群正是在弹性制度刺激之下应运而生的。时间断裂和随之而来的社会混乱，将会让人们不得不清楚地表达自己并协商彼此的分歧，而不是唤醒那种徒有其表的团队合作。前文曾经提到哈雷·谢肯和劳里·格雷厄姆研究的那类下级员工，即使他们的上级试着去回避冲突，他们也还是会找机会与之对抗。

我们可以肯定，那些手中掌权并能逃避责任的人也会有手段来压制异议。正如赫希曼所说，他们这样做是为了压制年长员工的"发声"力量，把他们的经验之谈扭曲成负面信息，认为这标志着他们已经衰老，做事过于故步自封。但是，为什么有人仍有发声的渴望？为什么即使会对自己不利，他们也还是愿意继续争论商讨？他们如此决意参与其中，这不能只归因于他们曾在企业中受到伤害，或是他们对企业保有忠诚。还有更多员工也受到了伤害，但他们却没有哭喊。若要勾勒出一个有意愿和新资本主义对峙的社群，我们还必须考虑品格的力量。

正是基于以上原因，在我看来，IBM 程序员是我遇到过的最坚强的一批人。他们站在一起，承担自己的失败和不足。这也给他们带去了力量，并为他们的经历提供了叙事框架。他们在时间上实现了怎样的连贯性呢？

有些法国哲学家想要区分"保持自我"（maintien de soi）和"忠于自我"（constance à soi），从而定义何为"愿意继续积极投身其中"：前者在时间长河中仍然保有身份认同，后者提出的美德则是诚实面对自身的缺陷。[原注 140] 因为我们所处环境在改变，自身经验也在不断积累，我们保持的自我可能会持续变化；忠于自我，如坦承自身的不足，这应该是一项恒定的行为，无论我们身处何方或年方几何，都应该如此。

不过，伊曼纽尔·列维纳斯（Emmanuel Levinas）曾经试着阐明，"忠于自我"还有社会层面的意义，即对他人负责。这个概念乍一看很简单，但实际上很复杂。简单是因为，这是在断言我的自我价值感取决于别人是否依赖我。复杂则是因为，即使我还不了解自己，也不论我对此多么困惑，甚至不论我的身份是否已经支离破碎，我的行事举止都必须富有责任感。[原注 141] 这个观点对列维纳斯来说并不抽象；在第二次世界大战期间，他曾目睹成千上万的法裔犹太人同胞遭到纳粹和法国维希政府的迫害，他们当时仍以彼此信任的方式来行动，尽管大多数人之前并没有形成作为犹太人的强烈身份认同。

列维纳斯关于责任和忠于自我的观念，反过来又得到了哲学家保罗·利科（Paul Ricoeur）的详细阐述："因为有人要依靠我，我在他人面前时要为自己的行为负责。"[原注142]不论一个人的生活有怎样的起伏，他说的话一定要让人信得过。但利科认为，我们若想要遵守这项标准，只能不断想象自己一切所言所行都在一个见证者的眼皮底下进行。而且，我们不应该只把这个见证者想象成被动观察者，他应该代表着指望着我们的那些人。我们若想让自己变得可靠，我们必须感到被需要；若要感到被需要，这个"他者"就必定需要帮助。

"谁需要我？"是一个关乎品格的问题。在现代资本主义中，这个问题受到巨大挑战。这个制度散发着冷冰冰的气息，对人们的努力结果也都报以冷漠态度。在这个赢家通吃的市场中，风险和回报之间几乎毫无关联。整个制度在缺乏相互信任的组织中散发着冷漠，其中的人们没有任何理由被需要。这样的冷漠正是在一次次企业再造中实现的，因为员工被利用之后便被弃之如敝屣。这种做法明显而残酷地削弱了人之所以为人的价值感，以及被他人需要的感觉。

也可以说，其实资本主义一贯如此，但是方式不同。旧式的资本主义局限于阶级之中，那种冷漠完全针对物质层面。弹性资本主义散发的这种冷漠则更加个人化，因为这个制度本身并未被勾勒得那么分明，形式也不太明晰。恩里克知道他当下的位置；上了年纪的希腊面包师们清楚地描绘出何人为敌何人为友，不论是真是假。马克思主义的旧习惯是把混乱当成虚假意识；而在我们面临的情况下，混乱却是在精准地反映现实。也正因此，今天我们在回答"社会上有谁需要我？"这个问题时，都会有作为个体的困惑。

如果感觉不被需要，自然就没有动力给出回应。弹性的工作社群和裁掉中年员工的劳动力市场都是如此。网络和团队弱化了人们的品格——正如本书开头贺拉斯描述的那样，品格是我们与世界的联系，我们也正因此而被别人需要。换言之，在社群冲突中，如果你的对手像 AT&T 那位经理一样宣称"我们都是特定时间和地点的牺牲品"，那你就很难投入自我。"他者"已经消失，而你也与之断开了连接。只有承认相互不理解，才能与他人建立真正的联系，但是，当我们明确肯定那些共同价值，当我们在流于社群表面的团队合作中形成"我们"，这种真实的联系就会被社群主义和道德保护主义接连削弱。

哲学家汉斯-格奥尔格·伽达默尔宣称，"我们的自我并不属于我们自己；可以说，自我是'发生'而来的"，但是时间充满了偶然性，历史也呈碎片状，我们受制于这两个条件。因此，伽达默尔如此断言："自我意识是个体化的，只是历史生活的闭合回路中转瞬即逝的闪光罢了。"[原注 143]这就是现代资本主义的品格问题。人们拥有历史，但没有对于困难的共同叙事，因此也没有共同的命运。在这些情况下，品格会遭到腐蚀；"谁需要我？"成了一个无法立即得到答案的问题。就连程序员社群也无法给出回答，他们只知道，自己需要在河风咖啡馆一起围桌而坐的其他人。

不过，我在达沃斯聆听弹性领域那些王者讨论时曾有以下顿悟。对他们而言，"我们"也是一个危险的代词。他们在企业的无序中舒适栖居，但也害怕遭到有组织的对抗。他们肯定害怕工会势力会卷土重来，但如果他们不得不讨论那些"被甩在后面"的人（这是他们的行话），他们会感到非常不自在，会坐立不安或眼神躲闪，或者只是埋头做笔记。他们知道，绝大多数在弹性制度下辛勤工作的人都已被抛在脑后。当然，他们也懊恼不已。但是，他们所推崇的弹性未能给普通人的生活实践提供任何指导，也无法提供任何指导。新生代的大师们已经拒绝古老英语中"事业"一词的意义，这原本可以指明人们的旅行路径；耐久又持续的行动路径对他们而言已是一片陌生的领土。

因此，当我在会议厅之间进进出出，当我在山间村庄的街道上来回穿梭，经过一辆辆豪华轿车和一个个警察时，我一直在思绪飞扬地思考。至少，这个制度可能会无法再控制下层人们的想象和情感，至少无法像现在一样继续控制下去。我从家人们往日极端的痛苦经历中吸取了教训；如果的确会有变化来临，那么改变一定是当场发生的，而且会在那些说出内心需要的人之中发生，而非迸发自集体的起义之中。这些内在需求会带来何种政治方案，我尚一无所知。但我确定知道的是，若一项制度无法为人类提供深切理由去关怀他人，长远来看它必定是不合理的。

附 录

统计表

表1 特定行业就业情况（含预测），1979—2005年

行 业	就业人数（千人）			年度增长率	
	1979	1992	2005（预测）[注1]	1979—1992	1992—2005（预测）
制造业	21 040	18 040	17 523	-1.2	-0.2
金融、保险和房地产	4 975	6 571	7 969	2.2	1.5
人事外包服务	508	1 649	2 581	9.5	3.5
计算机和数据加工服务	271	831	1 626	9.0	5.3
联邦政府	2 773	2 969	2 815	0.5	-0.4
州政府和地方政府	13 174	15 683	19 206	1.4	1.6

[注1] 这是基于适度增长的预测。

数据出自：美国联邦政府人口普查局，《1995年美国统计数据摘要》（华盛顿特区：1995年），第417页。

表2 薪资不均与失业情况

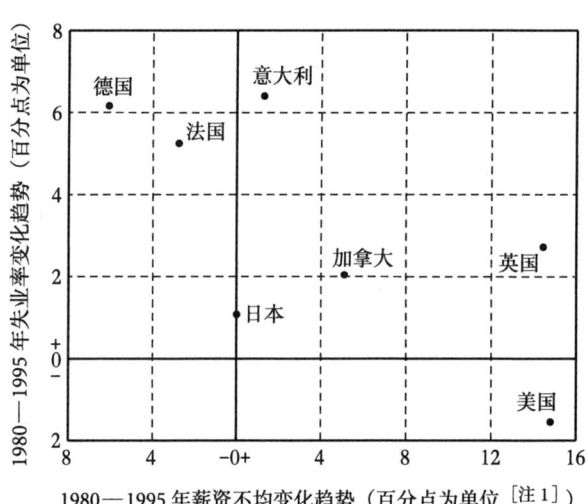

[注1] 按照最低薪资与中位数薪资的十分位比率来计算。

数据来源：经济合作与发展组织（OECD）。

表3　1950—1986年五大工业化国家生产力增长情况

期　间	法国	德国	日本	英国	美国
受雇者人均GDP增长（百分比）					
1950—1973	4.55	4.99	7.21	2.53	1.96
1973—1979	2.65	2.78	2.87	1.30	0.03
1979—1986	1.85	1.58	2.72	1.71	0.82
整体经济每小时GDP增长					
1950—1973	5.01	5.83	7.41	3.15	2.44
1973—1979	3.83	3.91	3.40	2.18	0.80
1979—1984	3.24	1.88	3.06	2.95	1.09
制造业每小时GDP增长					
1950—1973	5.93	6.31	9.48	3.25	2.62
1973—1979	4.90	4.22	5.39	0.83	1.37
1979—1986	3.50	2.78	5.47	4.28	3.10

注　引自马丁·N.贝利（Martin N. Baily）和玛格丽特·M.布莱尔（Margaret M. Blair）所著《生产力和美国式管理》，选自罗伯特·E.利坦（Robert E. Litan）等人的合集《美国生活标准：威胁和挑战》（华盛顿特区：布鲁金斯学院，1988年），第180页。

表4 1940—1993年美国工会成员情况

年份	劳动人数（千）[注1]	工会成员人数（千）	百分比
1940	32 376	8 717	26.9
1945	40 394	14 322	35.5
1950	45 222	14 267	31.5
1955	50 675	16 802	33.2
1960	54 234	17 049	31.4
1965	60 815	17 299	28.4
1970	70 920	19 381	27.3
1975	76 945	19 611	25.5
1980	90 564	19 843	21.9
1985	94 521	16 996	18.0
1990	103 905	16 740	16.1
1991	102 786	16 568	16.1
1992	103 688	16 390	15.8
1993	105 067	16 598	15.8

[注1] 不包括农业类职业。

数据来源：《1995年世界年鉴和百科全书》（1995年），第154页。

表5 1969年、1979年及1989年劳动力的年龄、性别组成、兼职就业率[注1]

	1969 在职人口百分比	1969 兼职人口百分比	1979 在职人口百分比	1979 兼职人口百分比	1989 在职人口百分比	1989 兼职人口百分比
16—21岁总人口	12.8	40.6	14.0	41.7	10.3	46.3
22—44岁女性	17.3	22.7	23.1	22.5	27.7	21.9
45—64岁女性	13.2	22.5	11.3	24.4	11.6	23.8
22—64岁男性	53.2	3.7	48.9	4.8	47.8	6.7
65岁以上总人口	3.5	41.0	2.7	52.9	2.6	52.4
总　计	100.0%	15.5%	100.0%	17.6%	100.0%	18.1%

[注1] 仅包含非农业类的就业者。

数据来源：克里斯·提利（Chris Tilly），《短工时，短忏悔：兼职雇佣的因与果》(Short Hours, Short Shrift; The Causes and Consequences of Part-Time Employment)，出自《兼职雇佣和临时工作的新政策》(*New Policies for the Part-Time and Contingent Workforce*)，弗吉尼亚·L. 杜路维奇编，1992年，第27页。

表6 1991年工作时间统计

| 特 性 | 总计 | 工作时间表的分配百分比 ||||||
| | | 固定白天上班时间表 || 轮班工人 ||||
		总数	弹性上班[注1]	总数	晚班	夜班	轮班
1991年总计	80 452	81.8	15.1	17.8	5.1	3.7	3.4
性　别							
男	46 308	79.5	15.5	20.2	5.4	4.2	4.0
女	34 145	85.0	14.5	14.6	4.6	2.9	2.6
种　族							
白人	68 795	82.6	15.5	20.2	5.4	4.2	4.0
黑人	8 943	76.0	12.1	23.3	8.4	5.6	4.7
拉美裔	6 598	80.3	10.6	19.1	6.4	4.6	2.7
职　业							
管理、专业类工作	22 630	89.6	22.1	10.0	1.6	1.4	1.8
技术、销售和行政类工作	24 116	85.9	17.7	13.8	3.5	2.4	2.7
服务类工作	8 389	57.1	10.5	42.5	14.7	8.7	7.9
操作、装备以及体力类工作	13 541	73.4	7.3	26.2	8.6	6.8	4.8

[注1] 弹性上班允许工作者改变工作的时间和地点。

数据来源：美国联邦政府人口普查局，《1995年美国统计数据摘要》（华盛顿特区：1995年），第410页。

表7 1993年使用电脑的白领员工

类别	使用电脑人数（千）	会计/库存管理	文字处理	通讯	分析/报表	资料库	桌面电子出版	销售及行销
性别								
男	43 020	37.2	45.8	39.3	35.2	23.0	16.7	45.9
女	26 692	31.6	44.8	38.1	33.8	19.6	14.5	47.8
种族/族裔								
白人	43 020	37.2	45.8	39.3	35.2	23.0	16.7	45.9
黑人	4 016	27.5	38.5	37.3	31.2	16.8	12.9	35.5
拉丁裔	2 492	29.1	45.6	32.1	27.6	18.7	16.0	33.6
其他	1 578	39.7	39.4	37.2	33.5	22.6	10.2	44.5
教育程度								
高中以下	1 190	19.1	54.4	20.4	22.2	9.9	20.6	16.0
高中毕业	13 307	23.7	52.5	29.4	25.8	13.3	17.6	30.8
大学肄业	11 548	33.5	49.5	38.5	33.9	20.6	18.0	40.9
副学士	5 274	37.5	47.0	39.7	34.7	21.7	14.9	41.6
学士学位	13 162	46.9	40.0	45.1	41.5	28.8	17.0	54.8
硕士学位	4 628	47.9	29.3	48.5	41.9	35.3	10.4	63.8
博士学位	1 999	42.8	27.9	45.9	39.2	28.3	5.2	66.5

[注1] 同一人可能填写了多种应用类型。

数据来源：美国联邦政府人口普查局，《1995年美国统计数据摘要》（华盛顿特区：1995年），第430页。

表8 1990年代员工换工作之后1至3年薪资改变统计表

薪　资	员工人数百分比
未受雇用	27
不及上份工作收入80%	24
上份工作收入80%—84%	10
上份工作收入95%—104%	11
上份工作收入105%—120%	10
上份工作收入120%以上	18
总计	100

数据来源:国会预算办公室,《被替换的工作者:1980年代的趋势和未来走向》(*Displaced Workers: Trends in the 1980s and Implications for the Future*),第XII页,美国国会1990年出版。

表9　1990年就业及教育统计表以及对2005年的预测

	1990年百分比	2005年百分比	百分比变化
1. 不需要大学文凭的工作	81.0	78.1	-2.9
2. 需要大学文凭的工作	19.0	21.9	2.9
2a. 需要大学文凭的特定工作			
主管、行政、管理	5.5	6.2	0.7
专业领域	9.6	10.8	1.2
技术人员	1.0	1.4	0.4
业务代表及监督	1.8	2.3	0.5
其他职业	0.9	1.1	0.2
3. 员工总数	122 573 000	147 191 000	

数据来源：美国劳工统计局的《劳工评论月刊》(*Monthly Labor Review*) 第115期 (1992年7月)，第15页。

表10 1983—1994年各产业工会成员人数统计

产 业	1983	1985	1990	1994
总数(千)				
公家机关工会成员	5 737.2	5 743.1	6 485.0	7 091.0
民营企业工会成员	11 980.2	11 253.0	10 254.8	9 649.4
百分比				
公家机关工会成员	36.7	35.7	36.5	38.7
民营企业工会成员	16.5	14.3	11.9	10.8

数据来源:美国联邦政府人口普查局,《1995年美国统计数据摘要》(华盛顿特区:1995年),第443页。

原 注

[1] Quoted in *New York Times*, Feb. 13, 1996, pp. D1, D6.
[2] Corporations like Manpower grew 240 percent from 1985 to 1995. As I write, the Manpower firm, with 600 000 people on its payroll, compared with the 400 000 at General Motors and 350 000 at IBM, is now the country's largest employer.
[3] James Champy, *Re-engineering Management* (New York: HarperBusiness, 1995) p. 119, pp. 39–40.
[4] Walter Powell and Laurel Smith-Doerr, "Networks and Economic Life," in Neil Smelser and Richard Swedberg, eds., *The Handbook of Economic Sociology* (Princeton: Princeton University Press, 1994), p. 381.
[5] Ibid.
[6] Mark Granovetter, "The Strength of Weak Ties," *American Journal of Sociology* 78 (1973), 1360–80.
[7] John Kotter, *The New Rules* (New York: Dutton, 1995), pp. 81, 159.
[8] Anthony Sampson, *Company Man* (New York: Random House, 1995), pp. 226–27.
[9] Quoted in Ray Pahl, *After Success: Fin de Siècle Anxiety and Identity* (Cambridge, U.K.: Polity Press, 1995), pp. 163–64.
[10] The story of these plates is the usual eighteenth-century publishing farrago. Diderot and his coeditor d'Alembert stole many of them from older artists like Réamur or contemporaries like Patte. Cf. John Lough, *The Encyclopédie* (New York: McKay, 1971), pp. 85–90.
[11] Herbert Applebaum, *The Concept of Work* (Albany: State University of New York Press, 1992), p. 340.
[12] Ibid., p. 379.
[13] Adam Smith, *The Wealth of Nations* (1776; London: Methuen, 159, 1961), I:109–12.
[14] Ibid., I:353.
[15] Ibid., I:302–3.
[16] Thomas Jefferson, *Writings*, ed. Merrill D. Peterson (New York: Library of America, 1984), p. 346.
[17] James Madison, "Memorial and Remonstrance Against Religious Assessements," quoted in Marvin Meyers, ed., *The Mind of the Founder*, rev. ed. (Hanover, N.H.: University Press of New England, 1981), p. 7.
[18] Cf. the excellent discussion in Barbara Adam, *Time and Social Theory* (Philadelphia: Temple University Press, 1990), pp. 112–13.

[19] Edward Thompson, "Time, Work-Discipline, and Industrial Capitalism," *Past and Present* 36 (1967), p. 61.

[20] Stephen Meyer, *The Five Dollar Day: Labor Management and Social Control in the Ford Motor Company 1908—1921* (Albany: State University of New York Press, 1981), p. 12.

[21] Quoted in David Montgomery, *Worker's Control in America: Studies in the History of Work Technology and Labor Struggles* (Cambridge, U.K.: Cambridge University Press, 1979), p. 118.

[22] Frederick W. Taylor, *The Principles of Scientific Management* (New York: W. W. Norton, 1967).

[23] David F. Nobel, *Forces of Production: A Social History of Industrial Automation* (New York: Alfred A. Knopf, 1984), p. 37.

[24] Daniel Bell, "Work and Its Discontents," in Bell, *The End of Ideology*, repr. (Cambridge, Mass: Harvard University Press, 1988), p. 230.

[25] Max Weber, *Economy and Society*, Vol. 2, ed. Guenther Roth and Claus Wittich (Berkeley: University of California Press, 1978), p. 1156.

[26] Bell, p. 235.

[27] Ibid., p. 233.

[28] Cf. Anthony Giddens, *The Constitution of Society: Outline of a Theory of Structuration* (Cambridge, U.K.: Polity Press, 1984).

[29] John Locke, *Essay Concerning Human Understanding*, ed. A.C. Fraser (New York: Dover, 1959), 1:458–59; David Hume, *A Treatise of Human Nature*, in *The Philosophy of David Hume*, ed. V. C. Chappell (New York: Modern Library, 1963), p. 176.

[30] Cf. Edmund Leach, "Two Essays Concerning the Symbolic Representation of Time," in Leach, *Rethinking Anthropology* (London: Athlone, 1968), pp. 124–36.

[31] Michael Hammer and James Champy, *Re-engineering the Corporation* (New York: Harper Business, 1993), p. 48.

[32] Eric K. Clemons, "Using Scenario Analysis to Manage the Strategic Risks of Reengineering," *Sloan Management Review*, 36:4 (Summer 1995), p. 62.

[33] Cf. Scott Lash and John Urry, *The End of Organized Capitalism* (Madison: University of Wisconsin Press, 1987), pp. 196–231.

[34] Both results reported in Eileen Applebaum and Rosemary Batt, *The New American Workplace* (Ithaca N.Y.: Cornell University Press, 1993), p. 23.

[35] Bennett Harrison, *Lean and Mean* (New York: Basic Books, 1994), pp. 72–73.

[36] Michael J. Piore and Charles F. Sabel, *The Second Industrial Divide: Possibilities for Prosperity* (New York: Basic Books, 1984), p. 17.

[37] Deborah Morales, *Flexible Production: Restructuring of the International Automobile Industry* (Cambridge, U.K.: Polity Press, 1994), p. 6.

[38] Cf. Michel Albert, *Capitalism Against Capitalism*, translated by Paul Haviland

(London: Whurr, 1993).

[39] Rood Lubbers, "Globalization and the Third Way," paper presented to the Bertelsmann Foundation Forum on Democracy, Oct. 1997.

[40] Simon Head, "The New, Ruthless Economy," *New York Review of Books*, Feb. 29, 1996, p. 47. I am much indebted to this excellent essay for its clear account of income inequality.

[41] Paul Krugman "The Right, The Rich, and the Facts," *American Prospect* 11 (Fall 1992), pp. 19–31.

[42] *Economist*, Nov. 5, 1994, p. 19.

[43] Alan Greenspan, quoted in *Wall Street Journal*, July 20, 1995; Robert Reich, "The Revolt of the Anxious Class," a speech given to the Democratic Leadership Council, Nov. 22, 1994, p. 3.

[44] Cf. "Making Companies Efficient," *Economist*, Dec. 21, 1996, p. 97

[45] Harrison, p. 47.

[46] Data on employment from Manuel Castells, *The Network Society*, Vol. 1 (Oxford, U.K.: Blackwell, 1997), pp. 162–63. Data on gender and income from David Card, "Trends in the Level of Inequality of Wages and Incomes in the United States," paper presented at Council on Work conference, 1997.

[47] Cf. Lotte Bailyn, *Breaking the Mold: Men, Women, and Time in the New Workplace* (New York: Free Press, 1993).

[48] Cf. Genevieve Capowski, "The Joy of Flex," *Management Review* (American Management Association), March 1996, pp. 12–18.

[49] Jeremy Rifkin, *The End of Work* (New York: Putnam, 1995).

[50] Katherine Newman, "School, Skill, and Human Capital in the Low Wage World," paper to be presented at Council on Work conference, forthcoming.

[51] Stanley Aronowitz and William DiFazio, *The Jobless Future* (Minneapolis: University of Minnesota Press, 1994), p. 110.

[52] Sherry Turkle, *Life on the Screen* (New York: Simon & Schuster, 1995), first sentence p. 64, second sentence note 20, p. 281.

[53] Quoted in Sherry Turkle, "Seeing Through Computers," *American Prospect*, 31 (March-April 1997), p. 81.

[54] Ibid., p. 82.

[55] Ulrich Beck, *Risk Society*, translated by Mark Ritter (London: Sage, 1992), p. 19.

[56] Cf. Robert Johansen and Rob Swigart, *Upsizing the Individual in the Downsized Organization* (Reading, Mass.: Addison-Wesley, 1994), p. 137.

[57] Richard Sennett, *The Fall of Public Man* (New York: Knopf, 1977), p. 81.

[58] Quoted in Peter Bernstein, *Against the Gods: The Remarkable Story of Risk* (New York: Wiley, 1996), p. 119.

[59] John Maynard Keynes, *A Treatise on Probability* (London: Macmillan, 1921), pp. 3–4.

[60] Amos Tversky, "The Psychology of Risk," in William Sharpe, ed., *Quantifying the Market Risk Premium Phenomenon for Investment Decision Making* (Charlottesville: Institute of Chartered Financial Analysts, 1990), p. 75.

[61] Cf. Daniel Kahneman and Amos Tversky, "Prospect Theory: An Analysis of Decision under Risk," *Econometrica* 47:2 (1979), pp. 263–91.

[62] Bernstein, p. 272.

[63] Cf. Ronald Burt, *Structural Holes: The Social Structure of Competition* (Cambridge, Mass.: Harvard University Press, 1992); and, by contrast, James Coleman, "Social Capital in the Creation of Human Capital," *American Journal of Sociology* 94 (1988), pp. S95–S120.

[64] Manuel Castells, *The Network Society*, 1 (Oxford: Blackwell, 1996), pp. 219–20.

[65] Cf. Lash and Urry.

[66] Cf. Rosabeth Moss Kantor, *When Giants Dance* (New York: Simon & Schuster, 1989).

[67] Bureau of Labor Statistics, *Monthly Labor Review* 115:7 (July 1992), p. 7.

[68] Krugman quoted in *New York Times*, Feb. 16, 1997, section 3, p. 10.

[69] Felix Rohatyn, "Requiem for a Democrat," speech delivered at Wake Forest University, March 17, 1995.

[70] Cf. Michael Young, *Meritocracy* (London: Penguin, 1971).

[71] Cf. Robert Frank and Philip Cook, *The Winner-Take-All Society* (New York: Free Press, 1995).

[72] Ibid., p. 101.

[73] Smith, pp. 107, 109.

[74] Bateson, *Steps to an Ecology of Mind* (San Francisco: Chandler, 1972); Leon Festinger, *Conflict, Decision and Dissonance*(Stanford, Calif.: Stanford University Press, 1967); Richard Sennett, The Uses of Disorder (New York: Knopf, 1970).

[75] Cf. Anne Marie Guillemard, "Travailleurs vieillissants et marché du travail en Europe," in *Travail et emploi*, Sept. 1993, pp. 60–79. My thanks to Manuel Castells for the graph containing these numbers.

[76] Castells, p. 443.

[77] Katherine Newman, *Falling from Grace* (New York: Free Press, 1988), p. 70.

[78] Ibid., p. 65.

[79] Cf. Albert Hirschmann, *Exit, Voice, Loyalty* (Cambridge, Mass.: Harvard University Press, 1970).

[80] Cf. Jon Clarke, Ian McLoughlin, Howard Rose, and Robin King, *The Process of Technological Change* (Cambridge, U.K.: Cambridge University Press, 1988).

[81] *The Downsizing of America*(New York: Times Books, 1996), pp. 7–8.

[82] Oscar Wilde, *The Picture of Dorian Gray* (London: Penguin, 1984), p. 6.

[83] Hesiod, *Works and Days*, translated by A. N. Athanassakis (Baltimore: Johns Hopkins, 1983), lines 410–13.

[84] Hesiod, *Works and Days*, lines 176–78, quoted in M. I. Finley, *The Ancient Economy*, 2nd ed. (London: Hogarth Press, 1985), p. 81.

[85] Virgil *Georgics*, 1.318ff., my translation.

[86] Ibid. 2.497ff.

[87] Pico della Mirandola, *Oration on the Dignity of Man*, translated by Charles Glenn Wallis (New York: Bobbs-Merrill, 1965), p. 6.

[88] Ibid., p. 5.

[89] Ibid., p. 24.

[90] St. Augustine and Bishop Tyndale quoted in Stephen Greenblatt, *Renaissance Self-Fashioning* (Chicago: University of Chicago Press, 1980), p. 2.

[91] My reading of Luther is based on the superb commentary of Jaroslav Pelikan, *Reformation of Church and Dogma*, vol. 4 of *The Christian Tradition* (Chicago: University of Chicago Press, 1984), esp. pp. 127–67.

[92] Ibid., p. 131.

[93] Cf. Michel Foucault, *Discipline and Punish*, translated by Alan Sheridan (New York: Pantheon, 1977).

[94] United States Department of Labor, *What Work Requires of Schools: A SCANS Report for America 2000* (Washington, D.C.: 1991).

[95] Charles N. Darrah, *Learning and Work: An Exploration in Industrial Ethnography* (New York: Garland Publishing, 1996), p. 27.

[96] Ibid.

[97] Laurie Graham, *On the Line at Subaru-Isuzu* (Ithaca, N.Y.: Cornell University Press, 1995), p. 108.

[98] Ibid., pp. 106ff.

[99] Gideon Kunda, *Engineering Culture: Control and Commitment in a High-Tech Corporation* (Philadelphia: Temple University Press, 1992), p. 156.

[100] Darrah, p. 167.

[101] Graham, p. 116.

[102] Eileen Appelbaum and Rosemary Batt, *The New American Workplace*(Ithaca, N.Y.: Cornell University Press, 1994), p. 22.

[103] Hammer and Champy, p. 65.

[104] Quoted in *New York Times*, Feb. 13, 1996, pp. D1, D6.

[105] Harley Shaikin, *Work Transformed: Automation and Labor in the Computer Age* (New York: Henry Holt, 1985), p. 82.

[106] Richard Rorty, *Contingency, Irony, and Solidarity* (Cambridge, U.K.: Cambridge University Press, 1989), pp. 73–74.

[107] Ibid.

[108] Ibid., p. 91.

[109] Walter Lippmann, *Drift and Mastery* (New York: Mitchell Kennerly, 1914), p. xvi.